“大运河人物故事”丛书

丛书主编 张廷皓

西兴运河开凿人

贺循

史霖 马峰燕 著

南京出版传媒集团 南京出版社

图书在版编目（CIP）数据

西兴运河开凿人——贺循 / 史霖，马峰燕著.

南京：南京出版社，2025. 3. --（“大运河人物故事”丛书）. -- ISBN 978-7-5533-5174-2

Ⅰ. K826.1

中国国家版本馆CIP数据核字第20257WR430号

丛 书 名 大运河人物故事
丛书主编 张廷皓
书　　名 西兴运河开凿人——贺循
作　　者 史　霖　马峰燕
出版发行 南京出版传媒集团
南 京 出 版 社
社　　址 南京市玄武区太平门街53号
邮　　编 210016
联系电话 025-83283873、83283864（营销）　025-83112257（编务）

策划统筹 卢海鸣　徐　智
责任编辑 徐　辰
装帧设计 王　俊　张　淼
责任印制 杨福彬

排　　版 南京新华丰制版有限公司
印　　刷 江苏扬中印刷有限公司
开　　本 787毫米×1092毫米　1/32
印　　张 3.75
字　　数 56千
版　　次 2025年3月第1版
印　　次 2025年3月第1次印刷
书　　号 ISBN 978-7-5533-5174-2
定　　价 15.00元

总 序

大运河是中国人民的伟大创造。这条始建于公元前486年的人工水道，作为中国历史上贯穿南北的大动脉，集漕粮运输、商旅交通、军资调配、水利灌溉等功能于一身，不但加强了全国各地区间的政治、经济联系和文化交流，维护了多民族大一统国家的稳定和发展，而且使北方的丝绸之路和南方的海上丝绸之路在古老大陆的东方形成了闭环，因而具有世界意义。时至今日，大运河沿岸遍布城镇、码头、仓库、船闸、桥梁、堤坝等各类遗存，构成了中国乃至世界范围内罕见的线性文化带，并成功地在2014年6月22日第38届世界遗产大会上入选《世界遗产名录》。2017年6月，习近平总书记对建设大运河文化带作出重要指示，指出“大运河是祖先留给我们的宝贵遗产，是流动的文化，要统筹保护好、传承好、利用好”。2019年2月，中共中央办公厅、国务院办公厅联合印发《大运河文化保护传承利用规划纲要》，就进一步保护好、传承好、利用好大运河沿线的丰富文化遗产提出了明确要求。

回顾大运河萌芽、发展和演变的过程，诸如国家政策、政治形势、军事需要、地理环境等，虽然也都会对其历史变迁产生一定程度的影响，但从根本上来看，“人”的作用往往显得更为重要。千百年来，大运河的规划者、开凿者、建设者、管理者、治理者，以及其他与大运河有关的各类人物，凭借着不拘一格的思考方式、与时俱进的思维理念、突破常规的制度创新、因地制宜的技术方法革新，比较圆满地解决了大运河形成过程中所遇到的自然、运输和管理等一系列问题，实现了大运河从地区性到整体性、临时性到制度性、零散性到系统性的质变。这些大运河历史上涌现出的杰出人物，作为创造、改变和塑造大运河的主体和关键，其思想观念中闪烁着的智慧光芒，和一言一行中表现出的担当作为，不仅是大运河历史上无比珍贵的宝藏，同时也是彰显和传播中华民族灿烂文明的重要文化遗产，值得我们进一步挖掘和弘扬。

与蔚为大观的河道变迁、漕运制度、城镇商业、文化风俗等成果相比，有关大运河人物的研究相对薄弱。为了展现大运河深厚而丰富的文化内涵，传承和弘扬中华优秀传统文化，南京出版传媒集团（南京出版社）决定推出一套“大运河人物故事”丛书。这套面向广大青少年读者的普及性读物，精选历代与大运河有关的著名人物，时间上从春秋战国直至民国时期，空间上则覆盖隋唐大运河、京杭大运河和浙东运河。每册均邀请学有专长的作者撰写，力图在准确把握史实的基础上，用生动活泼的语言文字，引人入胜的故事情节，丰富多彩的知识拓展，刻画每一位大运河人物的主要经历，涉及凿河规划、水利建设、漕运管理、治运思想与实践、研究著述以及后世影响等，在折射大运河变迁轨迹的同时，充分展现出这些人物与大运河的密切关系，以及对大运河的变迁所发挥的作用。

青少年是国家的未来和民族的希望，肩负着实现中华民族伟大复兴、建设社会主义现代化强国的历史重任。近年来，南京出版传媒集团（南京出版社）先后推出了“抵御外侮——中华英豪传奇”“抗战十四年·中华儿女传奇”等多套青少年读物，在培养青少年爱国主义精神、培育和践行社会主义核心价值观等方面，起到了十分积极的作用。衷心希望“大运河人物故事”丛书能成为广大青少年认识和了解大运河历史文化的良师益友，在深化他们对大运河文化内涵认知的同时，展现中华民族的聪明才智和中华文明的灿烂辉煌，为他们的健康成长树立文化自信，使之成为将来建设国家的栋梁之材。

张廷皓

（作者系中国文物学会大运河专业委员会主任委员、中国文化遗产研究院原院长）

目　录

引 言

春秋晚期，越王勾践命人开通了连接大越城（今绍兴城区）和阳春亭（位置在今上虞东关）的水运通道，这个通道被称为山阴故水道。这是浙东运河最早形成的河道，也是中国大运河早期的河道之一，距今已有2500多年的历史。到了东汉，会稽太守马臻修筑鉴湖（也称镜湖），把山阴故水道融入其中，进一步改善了会稽郡城（今绍兴城区）附近的水运和灌溉条件。西晋末年，社会动荡，民众流离，水利失修。为了保卫家园，促进生产，当时有一位能干的会稽名士，考察地形，比图规划，发动民众，开凿了西起西陵（今杭州萧山之西兴），东至会稽郡城的运河。这条运河被后世称为西兴运河。运河的开凿，不仅提升了鉴湖的水利功能，创造了灌溉、养殖之利，而且为整个浙东地区提供了交通、军事之便。这位能干的会稽名士就是大运河历史上的一位功臣——贺循。

贺循（260—319），字彦先，会稽山阴（今浙江绍兴）人，是两晋时期著名的政治家、文学家、儒学家。他出身于名门望族，是东吴后将军、山阴侯贺齐的曾孙，东吴中书令、太子太傅贺邵之子。贺循早年就享有很高的声望，与纪瞻、闵鸿、顾荣、薛兼合称为“五俊”。他初任五官掾、阳羡县令、武康县令、太子舍人等职，在地方治理上取得了显著成绩。他还参与了讨伐石冰的战役，并拒绝了叛将陈敏的封赏。后来，他支持晋元帝司马睿，担任吴国内史、军咨祭酒、太常等要职，对朝廷礼仪的制定作出了重要贡献。他的功绩对东晋建国和稳定政局起到了重要作用。

贺循以高尚的品德和操守著称。他的言行举止必定遵循礼仪，表现出极高的道德品质。晋元帝司马睿评价他说：“循言行以礼，乃时之望，俗之表也。”他的这种品质在当时和后世都受到了极高的评价。贺循在晚年似乎选择了隐退和淡泊名利的生活方式。在陈敏之乱中，贺循守节不仕，以患有脚疾、手不能提笔为由辞让了丹阳内史的职位，并通过服用药物、披发袒身的方式来表示自己不适合被任用。

除了政治成就，贺循的文化贡献不仅表现在文学创作上，还表现在他对儒家经典的深入研究和对礼制的传承、创新。他博览群书，善作文章，著有文集五卷（一作二卷），虽然现已散佚，但从典籍记载中，人们可以得知他在文学和礼制方面都曾有作品流传。因此，贺循作为一位政治家、文学家、儒学家，其影响力在当时是非常显著的。

历史学家对贺循的评价普遍很高。房玄龄称赞他“位登保傅，朝望特隆”，李翰称他为“儒宗”，范成大认为他“操尚高厉”，朱熹则认为他是东晋时期少数具有人望的人才之一，张铉称赞他“博览群书，尤精礼传，雅有知人之鉴”。

贺循在大运河历史上的最大功绩是开凿了西兴运河。西兴运河，西起西兴，经萧山、钱清、柯桥到达绍兴城。西兴运河的开凿，第一次把绍兴城和钱塘江连接了起来，改变了绍兴周边以鉴湖为主要水路的交通格局，为绍兴成为东晋乃至南朝时期东南的大都会奠定了坚实的基础。贺循非常重视水利建设，在开通西兴运河的同时，又组织民众修治与此相连接的其他河道，形成了纵横交织的水网，使原来各河道能互相流通，调节水位，保证了农田灌溉之需。

总的来说，贺循不仅在政治方面有显著的成就，在品德、文学方面备受推崇，而且在水利方面也留下了重要的功业，是两晋时期的一位杰出人物。

第一章　名门望族出才俊

会稽贺氏源流远

贺循出生于三国时期东吴的会稽郡山阴县，是会稽郡名门望族贺氏的代表人物之一。会稽贺氏据传是东汉江夏太守贺纯的后代，传到贺循这一代已经是累世簪缨的世家大族了。会稽贺氏以贺纯为始祖，本源于庆氏，而庆氏又有两种主要来源。

会稽贺氏渊源深远。三国时期史学家谢承的《会稽先贤传》曾对会稽贺氏的起源作了探究，称贺氏原本是庆氏，是周朝的始祖后稷的后裔。西周早期，周太王公亶父的长子泰伯，出奔东南，建立吴国，传

要离刺庆忌画像

至吴王僚时，遭遇公子光之祸，王子庆忌逃至卫国，他的妻子和儿子隐居于会稽。越人哀之，给予他们湖泽之田，称他们为庆氏，所种田的沼泽湖泊地区称为庆湖。后来，庆纯为避汉安帝之父刘庆的名讳，改姓名为贺纯，其后代便为贺氏。谢承是会稽郡山阴县人，对“同

小贴士：要离刺庆忌

庆忌是吴王僚的儿子，吴王僚是春秋时期吴国的第23任君主。吴王夷昧去世时，按照兄终弟及的制度本来应该立季札为君，但是季札不愿意，于是王位就落到了夷昧的儿子僚身上，也就是后来的吴王僚。吴王僚的堂兄弟公子光认为应该由自己父亲即位才对，于是暗地筹备刺杀吴王僚。

公子光趁着宴请吴王僚的机会，让专诸用鱼肠剑刺杀了吴王僚，即位为吴王阖闾，但是吴王僚的儿子庆忌趁乱逃往了卫国，并在卫国招兵买马试图夺回王位，为自己的父亲报仇。阖闾知道庆忌逃脱在外，十分不安，派要离使苦肉计获取了庆忌的信任，趁机刺杀庆忌。于是庆忌和吴王僚父子二人都被刺杀而死了。

乡"贺氏来源应当比较熟悉，其记载在一定程度上是可信的。

唐朝编修的《晋书》为贺循立传，采纳了贺氏源于庆氏的说法。在《晋书》贺循的传记里，编撰者称贺循的祖先是西汉经学家庆普，又说庆纯为避汉安帝父亲名讳而改姓贺。宋朝的词人贺铸自称"庆湖遗老"，认为自己是会稽贺氏的后裔。他尊唐朝大诗人贺知章为先祖，并说唐以前的官谱中曾记载会稽贺氏源于庆氏，而会稽庆氏源于春秋吴国的庆忌。

上述有关贺氏的来源表明贺氏源于姬姓，因为吴王僚之子庆忌、泰伯等都是周朝姬姓先祖的后代。不过，关于会稽贺氏的来源还有另一个说法，即源于姜姓。据唐代谱牒姓氏之学专著《元和姓纂》记载，庆氏是齐公族庆公之后。春秋时期，齐国先祖为姜姓，齐桓公姜小白有个支孙名叫公孙庆克，其子庆封以父名命氏，称为庆氏，史称庆父。庆封后逃往吴国，到了东汉时期，庆氏后裔传至汝阴郡令庆仪时，其曾孙庆纯官拜侍中、江夏太守，为避汉安帝之父刘庆的名讳，改姓名为贺纯，其后代便为贺氏。

三国谢承的《会稽先贤传》关于会稽贺氏来源的说

小贴士：会稽郡

会（音kuài）稽郡，中国古代郡名，位于长江下游江南一带。秦一统江南，始设会稽郡，治吴县（今江苏苏州）。当时会稽郡北至长江口，南至浙江流域，大致包括今苏南太湖流域、浙江的杭嘉湖宁绍金衢等地。

西汉时，将秦闽中郡（今福建、浙东南一带）并入会稽郡，会稽郡一时幅员广袤，为东南巨郡。

东汉顺帝永建四年（129），“吴会分治”。新的会稽郡位于钱塘江以南的浙江、福建地区，会稽郡治移山阴县（今浙江绍兴）。而吴郡则包括长江下游平原剩下的部分地区，其郡治依然在苏州。

三国东吴时，分会稽郡，置临海郡（今浙江东南）、建安郡（今福建）、东阳郡（今浙江金华、衢州一带）。

西晋至南朝末年，会稽郡仅辖今浙江绍兴、宁波一带。

隋文帝灭陈，废会稽郡，置吴州总管府。隋炀帝改吴州为越州，后又改为会稽郡。

唐初复置越州，唐玄宗改越州为会稽郡，唐肃宗时复为越州。自此，会稽郡不复存在。

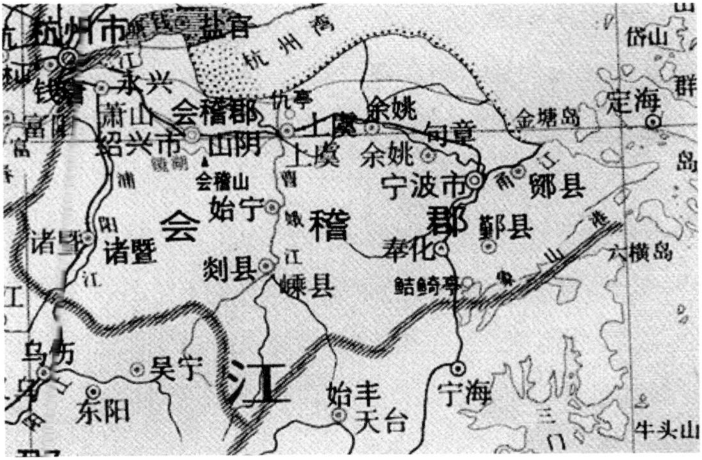

西晋会稽郡历史地图（《中国历史地图集》）

法是目前所知最早的记载，比唐代《元和姓纂》中的记载要早约600年。史籍对贺氏来源的记载表明，贺氏来源较为复杂，既有源于姬姓和姜姓的历史渊源，又有为避帝王名讳而改姓的家族历史。这些不同的来源共同构成了会稽贺氏丰富多彩的历史背景。

世胄高门代有才

贺循所属的会稽贺氏，在东汉晚期逐步发达，成为世胄高门。贺氏家族时有显赫富贵，虽然经受过没落，但一直立身于政坛、军界，其后代子孙兴旺发达，人才辈出，并延续到六朝、隋唐时期。会稽贺氏和同郡的虞、魏、孔三姓并称为“会稽四姓”，对江南的政治和文化产生了重要影响。

贺循的祖先庆普是西汉的经学家，字孝公，出生于徐州沛县（今江苏沛县）。他曾任东平王刘宇的太傅，并以精通礼仪之学而闻名。庆普被认为是今文礼学“庆氏学”的开创者，这一学派与礼学名派“大戴学”“小戴学”并列，在汉代经学中占有重要地位。

贺循的族高祖是东汉的贺纯，字仲真，是会稽郡山阴县人。他自幼聪颖好学，博极群艺，曾十辟公府，三举贤良方正，五征博士，四公车征，但都未就任。后来被征拜为议郎，多次上书陈述灾异及政治建议，他的建议大多被采纳。贺纯在儒学方面颇有名望，汉安帝刘祜在位时为侍中、江夏太守，后去官，与江夏黄琼、杨厚都受到朝廷公车征拜。

贺纯像

贺纯在政治上的成就主要体现在他辅佐汉安帝。建光元年（121），邓太后去世后，安帝开始亲政。贺纯的学识和治国策略深受安帝赏识，被拜为议郎，成为安帝的近臣。在安帝削平外戚邓氏势力的过程中，贺纯襄赞谋划，并得到群臣的协力，最终取得成功。由于安帝的父亲清河王刘庆被尊为孝德皇，为避讳，贺纯改姓为贺，成为会稽贺氏的始祖。

贺循的曾祖是三国时的贺齐（？—227），字公苗，是会稽郡山阴县人，为东吴名将。贺齐是东汉永宁县长贺辅之子，贺纯之侄，年轻时曾任会稽郡的郡吏。汉献帝建安元年（196），孙策巡视会稽郡时，经过考察，推举贺齐为孝廉，并任命他为永宁县长。后来，他又担任了南部都尉和平东校尉。建安十三年（208），贺齐被任命为威武中郎将，受孙权派遣讨伐丹阳郡的黟、歙等地。他成功征服了这些地区，并在歙县东部设立始新县，这是淳安置县的开始。不久，贺齐被任命为新都郡的太守，并筑造了郡城，将郡治迁入。建安十六年（211），贺齐离开新都郡前往吴郡，带兵讨伐余杭的民变领袖郎稚，并在此地设立临水县。建安十八年（213），贺齐平定了豫章的叛乱，并因此被调升为奋武将军。

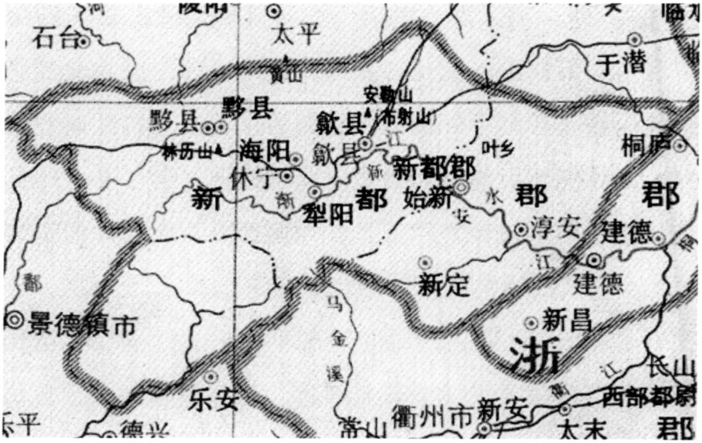

三国东吴新都郡历史地图（《中国历史地图集》）

建安二十一年（216），贺齐被升为安东将军，封为山阴侯。东吴黄武初年（222），他又升迁为后将军，并担任徐州牧。孙权曾命贺齐出镇江上，与魏国曹休率领的军队对峙。黄武六年（227），贺齐去世。

贺循的祖父是东吴的贺景，为会稽郡山阴县人。他是贺齐的次子，官至灭贼校尉，带领部下严而有恩，兵器精饰，冠绝当时，早卒。贺景有兄长贺达，为贺齐的长子，承袭山阴侯位。后被辽东公孙渊所杀。

贺循的父亲是东吴的贺邵（226—275），字兴伯，是三国时期东吴的官员、政治家和书法家。他是会稽郡

贺邵像

山阴县人，是贺齐的孙子，贺景的儿子。

贺邵的职业生涯跨越了吴国的三个皇帝。在吴景帝孙休即位时，他担任散骑中常侍，后来担任吴郡太守。在吴末帝孙皓在位时期，贺邵入朝担任左典军，后升任为中书令，兼任太子太傅。

贺邵以仗义执言、刚正不阿的性格著称。在孙皓统治时期，他多次上书直言劝谏孙皓要选贤任能，放逐、贬退奸佞小人，虚心纳谏，节欲克制，勤于政事，警惕边患。他的直率引起了孙皓的忌恨。贺邵的奏疏中列举了许多孙皓远贤臣亲小人的事例，指出如此下去则“海内悼心，朝臣失图”，国之危急不待日也。孙皓因此极度恼怒，并与佞臣们设计诬陷贺邵和楼玄谤毁国事。贺邵最终被孙皓残忍地杀害，时年49岁，其家属被流放到临海郡。

贺邵在任吴郡太守期间，以行为端庄、注重仪表著称。他在到任之初，足不出户。吴郡豪门士族都很轻视他，竟在官府大门写上“会稽鸡，不能啼”的字句来侮辱他。他听说后故意外出，并在官府大门上补上了一句“不可啼，杀吴儿”作为回敬。然后查核了吴郡的豪门顾姓、陆姓家族奴役官兵和窝藏逃亡户口的情况，并将此事报告朝廷，导致许多人获罪。当时东吴的名将陆抗正任江陵都督，也受到牵连，便特意往国都建业请求孙皓帮助，才得以了结。

总的来说，贺邵是一个具有高尚品德和坚定政治立场的官员，他的事迹和性格受到了后人的景仰。

在会稽贺氏中与贺邵同辈的还有贺质、贺惠等人。其中，贺质是贺达之子，官至虎牙将军，嗣位山阴侯。贺惠则是贺景之子，贺邵之弟。东吴凤凰元年（272），为宛陵县令。

贺循的这些祖先和长辈，特别是贺纯、贺齐、贺邵等人，不仅在历史上有所作为，而且对家族后人产生了重要的影响。贺循本人也以其学识和才能取得显著的成就，成为当时政治和文化领域的重要人物。

贺循有子名叫贺隰，晋康帝司马岳在位时官至临海太守。贺隰有三子，分别是贺道期、贺道养、贺道力，都在南朝的朝廷里担任文职，并对当时礼学的研究和应用有一定的影响。此后，会稽贺氏还有一些人才产生，继续发挥着一定的影响力。

言行以礼列五俊

贺循虽然出生于世胄高门，受过良好的教育，但在他年少之时，家族遭遇了一场政治迫害，父亲贺邵被孙皓杀害，他也随家人被流放到海边。直至东吴灭亡后，他才摆脱了厄运，回到家乡。良好的教育背景和少年时遭遇的磨难，使贺循养成了谨慎守礼的习性，对他的成长产生重要影响。

贺循言行以礼，少有贤名。《晋书·贺循传》说他年少时“操尚高厉，童龀不群，言行进止，必以礼让”，由此受到会稽国相丁乂的赏识，丁乂举荐他担任五官掾，成为会稽郡国长官最重要的属吏。后来，扬州刺史嵇喜也很欣赏他，推举他为秀才，不久又任命他为阳羡县令。贺循从此正式步入仕途，其名气也在东南一带日渐扩大。

《晋书·薛兼传》把会稽郡贺循和丹阳郡薛兼、丹阳郡纪瞻、广陵郡闵鸿、吴郡顾荣合称为“五俊”，主要是因为他与这些人都有德才，在当时都享有很高的声

顾荣像（《吴郡名贤图像赞》）

望。西晋的司空张华在见到他们的时候，惊奇地评价他们“皆南金也”。《晋书》评价“顾、纪、贺、薛等并南金东箭，世胄高门”，是当时不可多得的人才。

顾荣（？—312），“五俊”之首，字彦先，吴郡吴县（今江苏苏州）人。他是东吴丞相顾雍之孙、东吴宜都太守顾穆之子。顾荣弱冠时仕于东吴，担任过黄门侍郎、太子辅义都尉。吴国灭亡后，他与陆机、陆云一同去洛阳，在晋朝为官。顾荣初拜郎中，历尚书郎、太子中舍人，后转廷尉正，历任诸王僚属，封嘉兴伯。永嘉之乱发生后，顾荣见北方大乱，故弃官南归。后任琅邪王司马睿（即后来的晋元帝）安东将军府军司马，加散骑常侍，成为拥护司马氏政权南渡的江南士族领袖。司马睿但凡有谋划，都会咨询顾荣的意见。顾荣每每能够提出合适的建议，因此司马睿和随从都很推崇他。永嘉六年（312），顾荣去世，获赠侍中、骠骑将军、开府仪同三司，谥号“元”。建武元年（317），司马睿称晋王，顾荣被追封为嘉兴公。

纪瞻（253—324），字思远，丹阳郡秣陵县（今江苏南京）人。他在西晋时历任东阁祭酒、鄢陵相等职，后弃官返乡，参与平定陈敏之乱。在协助司马睿立足江左时建立功勋。永嘉六年（312），纪瞻领军击退南侵的石虎，在军中颇有威信。其后，纪瞻累官至尚书右仆射，封临湘县侯。晚年因病屡次请辞，均未获准。王敦之乱时，纪瞻引领流民帅郗鉴帮助朝廷抗衡王敦，受到晋明帝司马绍的倚重。王含举兵攻打建康时，纪瞻恰巧重病在身，但仍受命任领军将军，卧护宿卫六军。叛乱平定后，受任骠骑将军、散骑常侍。不久后逝世，享年七十二岁。死后获赠骠骑将军、开府仪同三司，谥号“穆”。

闵鸿，东吴广陵郡广陵县（今江苏扬州）人。在吴国官至尚书。吴国灭亡后，朝廷屡次征聘，但他始终不肯在晋朝为官。他少美文采，善于作赋，人称“南金”。

薛兼，字令长，丹阳人，吴国尚书仆射薛综之孙。吴国灭亡后，他先后在晋朝担任比阳县丞、太子洗马、散骑常侍、祭酒等职务，并因功被封为安阳亭侯。在晋王司马睿麾下，薛兼担任过军咨祭酒和丞相长史。东晋建立后，他被任命为丹阳尹、尚书，领太子少傅。永昌元年（322），他出任太常，爵位晋升为安阳乡侯，并在太常任上逝世。晋廷追赠他为左光禄大夫和开府仪同三司。

五俊，其实是三国魏晋时期品评人物的一种称号，被赋予这种称号的，往往是社会名流、德高望重之辈。在当时，世家大族的子弟要进入仕途，往往请名人给予品评，朝廷据此授官，这就是当时朝廷选人用人的“察举制”。为了标榜身份特殊和才华卓越，便出现“五俊”“三俊”这类称号。比如，《晋书·顾荣传》就曾记载，吴国灭亡后，顾荣和陆机、陆云兄弟前往洛阳求官，号称“洛阳三俊”。因为陆氏是江东望族，晋朝的太常张华非常赏识他们，又称他们为“二陆”，所以陆氏在朝廷里获得较高的知名度。

贺循出生于世胄高门，与顾、纪、闵、薛等人合称“五俊”，正是他们社会地位和家族背景的一种体现。在当时的历史条件下，如此的社会地位和家族背景可以确保他们顺利进入仕途，建功立业。

第二章　节操高尚有政声

出任阳羡宽为本

贺循出任阳羡县令，这是他首次担任地方主职长官。他以宽宏仁义为治理之本，不追求考绩优异，在当地广受赞誉。《晋书·贺循传》对此记载非常简略，

西晋吴兴郡历史地图（《中国历史地图集》）

只有短短13个字，“除阳羡令，以宽惠为本，不求课最”，没有交代贺循任职的缘由和时间。但是，我们可以依据史书的相关记载对此作一些探索，并分析这一任职对贺循从政生涯的影响。

贺循出任阳羡县令是谁给予了帮助呢？这要从阳羡县在西晋的地位说起。阳羡县始设于秦朝，以其地荆溪之阳多沃羡（同“衍”）而得名。三国时，阳羡县隶属吴兴郡。西晋惠帝永兴元年（304），为表彰周玘（西晋平西将军周处之子）三兴义兵之功，置义兴郡。义兴郡属扬州管辖，以阳羡为郡治，下辖阳羡、国山、临津、永世、平陵、义乡、绥安等县。《晋书·贺循传》称：“刺史嵇喜举秀才，除阳羡令。”因此贺循出任阳羡县令，是当时的扬州刺史嵇喜举荐的。

贺循为何会得到嵇喜的赏识和帮助呢？据《晋书·嵇康传》记载，嵇喜，字公穆，谯郡铚县（今安徽濉溪）人，魏晋时期大臣，督军粮治书侍御史嵇昭长子，“竹林七贤”之一嵇康的兄长。嵇喜的祖先本姓奚，是会稽郡上虞县人，其曾祖父后为躲避仇家，迁徙到谯国的铚县，以居住地有嵇山而改姓为嵇。曹魏时，嵇喜举秀才出身，有当世之才，担任卫将军（司马攸）

司马。西晋建立后，历任江夏太守、徐扬二州刺史、太仆卿、宗正卿等职。贺循所属的会稽贺氏与嵇喜家族原本是“同乡”，嵇喜对名列“五俊”的贺循予以提携，便是顺理成章之事。而从嵇喜担任扬州刺史的时间就可以推断贺循出任阳羡县令的大致时间。据《晋书·武帝纪》记载，太康三年（282）九月，吴故将莞恭、帛奉举兵反叛，攻击并杀害建邺令，进而包围扬州（治所在今江苏南京），徐州刺史嵇喜讨伐并平定了这次叛乱。史书对嵇喜的记载较少，但这一条记载对推断嵇喜任职扬州刺史的时间比较关键。很可能嵇喜在平定这次叛乱后不久，便转任扬州刺史之职，而在其担任扬州刺史之时又提携贺循出任阳羡县令。因此，贺循出任阳羡县令的时间应当在太康三年以后的数年之间。

贺循出任阳羡县令为何“以宽惠为本，不求课最”呢？一则贺循品行高尚，自幼就异于常人，言行举止必定守礼仪、懂谦让。这种个人品行和价值观对他作为官员的治理风格产生了重要影响。他重视宽宏仁义，并以此为立身之本，这反映在他不求考绩优异的治理态度上。二则贺循的家庭背景和早年经历也可能影响了他的政治理念。他的家族在东汉安帝时期地位显著，但他幼年时遭遇家庭变故，流放海隅。这些经历可能使他更加关注民众的福祉，而不是单纯追求政绩。三则贺循研习和传承礼学，可能使他更注重长期的社会稳定和民众福祉，而不是短期的政治成就。他更加注重民生和教化，而不是追求政绩的表面光鲜。这种以宽惠为本的治理理念，是政治理想和目标的反映。

贺循“以宽惠为本，不求课最”的为官理念源于他的个人品行、家庭背景和经历，以及他的政治理念和治理目标。这种治理风格在当时的政治环境中显得较为独特，也反映了他对民众福祉和社会稳定的重视。

为政武康禁陋俗

贺循在出任阳羡县令之后，便转任武康县令。在武康，他做出了比先前更有影响的成绩。特别是在社会风俗教化方面，他发布政令，严禁陋俗，并得到广泛支持和肯定。

武康县始设于三国的东吴宝鼎元年（266），初名永安县，隶属吴兴郡，因县有永安山而得名。西晋太康元年（280），晋平吴，因平阳郡有永安县，改此永安县为永康县。太康三年（282），改永康县为武康县，因县有武康山而得名，仍隶属吴兴郡。东晋、南朝依旧沿袭。贺循担任武康县令时，距离武康县改名的时间并不长。当地民俗崇尚厚葬，还有拘束于禁忌，回避凶忌岁月，停殡而不埋葬死者的做法，贺循都严加禁止。他的政令教化得以大力推行，以至于相邻的城邑都纷纷效仿。贺循在武康县的为政措施，显示了他对地方民俗的深刻理解和基于礼学实践的坚定改革决心。但是，贺循在朝廷里没有援手，使得他长时间未能加官晋爵。

当时，在朝中担任著作郎的陆机，非常欣赏贺循，特地上疏朝廷举荐贺循，称赞他“德量邃茂，才鉴清远，服膺道素，风操凝峻，历试二城，刑政肃穆”。这些评价反映了陆机对贺循品德、才能和政绩的高度认可。陆机认为贺循在德行和才智上都非常出色。在贺循的治理下，阳羡、武康两县的社会面貌大为改观。陆机推荐贺循时说：“荆、扬二州，户各数十万，今扬州无郎，而荆州江南乃无一人为京城职者，诚非圣朝待四方之本心。至于才望资品，循可尚书郎，讷可太子洗马、舍人。此乃众望所积，非但企及清途，苟充方选也。”

陆机的这些评价和推荐，不仅显示了贺循的才能和政绩，也反映了陆机对贺循的高度评价和信任。这种推荐和评价在当时的政治环境中是非常重要的，有助于提升贺循的政治地位和影响力。过了很久，朝廷下诏，补授贺循为太子舍人。

陆机像

关于贺循担任武康县令的时间，《晋书·贺循传》的记载比较模糊，只是说在其担任阳羡县令之后，而没有明确记载其任职武康的时间有多久。目前，我们可以从陆机的生平记载对此加以推测。

陆机（261—303），字士衡，吴郡吴县（今江苏苏州）人，因祖父吴国丞相陆逊初封华亭侯，亦作华亭（今上海松江）人。他出生于名门士族，是西晋文学家。陆机的年岁只比贺循小1岁，二者是同龄人。据《晋书·陆机传》记载，太康元年（280），东吴灭亡，陆机时年20岁，开始闭门勤学，积有十年。太康十年

（289），陆机与弟弟陆云一同前往京师洛阳，受到太常张华的推崇，张华称：“伐吴之役，利获二俊。”元康二年（292），陆机接连担任太子洗马、著作郎之职。元康四年（294），陆机担任吴国郎中令。永康元年（300），赵王司马伦发动政变，诛杀贾后并辅政后，陆机被请为相国（司马伦）参军。因参与诛讨贾谧有功，赐爵关中侯，不久，司马伦将要篡位，任命陆机为中书郎。其后，陆机又投靠成都王司马颖并担任过参大将军军事、平原内史等职，后人也称其为“陆平原”。陆机最终死于西晋后期军阀的权力斗争之中。

《晋书·贺循传》称，陆机向朝廷推荐贺循时所担任的官职是著作郎，因此，贺循在武康任职期间，和被陆机推荐的时间，就在元康二年至四年陆机担任著作郎之时。正是由于陆机的推荐，贺循后来被朝廷召补为太子舍人。

从贺循出任阳羡县令到元康二年（292）以后几年担任太子舍人，贺循在阳羡和武康两县任职共10余年。而从贺循在武康县令任上所作出的具有重要影响的成绩来推测，他在武康县令任上不会少于5年，即从太康末年到元康年间。

起兵传檄讨石冰

西晋惠帝永康二年（301）正月，赵王司马伦篡位，当时贺循刚担任太子舍人不久，被转任为侍御史。四月，司马伦败亡。同月，惠帝复位，改年号为永宁。贺循目睹朝局混乱，为了避祸，称病辞职回乡。后来，朝廷征召他担任南中郎长史，他也未就任。

在贺循回乡居住期间，社会动荡，民不聊生。太安二年（303）五月，荆州江夏郡安陆县爆发张昌起义。不久，张昌改名为李辰，占据江夏郡，迎立山都县吏丘沈为天子，丘沈改名刘尼，假托汉朝之后，设立百官。李辰自封相国，创建年号神凤，聚集了数万人马。西晋新野王司马歆等无力征讨，望风而逃。起义军占领武昌、宛城、襄阳，一时势大。七月，李辰派副帅石冰向东攻打扬州，击败刺史陈徽，扬州各个属郡全部被攻陷。不久，起义军又攻破江州，并攻打徐州，影响波及荆州、江州、扬州、徐州、豫州的大部分地区。不过，这场起义并没有持续很长时间，在永兴元年（304）秋，就被西晋王朝歼灭。《晋书·张昌传》说起义军“皆桀盗小人而无禁制，但以劫掠为务，人情渐离”。这是起义失败的重要原因。

石冰占据扬州的时间虽然不长，但对扬州及其属郡都产生了不小的影响。他重新任命了官吏，派驻部众，以掌管局势。据《晋书·贺循传》称，石冰占据扬州期间，驱逐了会稽相张景，用曾任宁远护军的程超取代他，又任命自己的长史宰与兼领山阴县令。太安二年（303）十二月，江南豪族前南平内史王矩、吴兴内史顾秘、前秀才周玘等起兵讨伐石冰，推举顾秘出任都督扬州九郡诸军事，向各州郡发布檄文，号召各地起兵讨伐石冰所任命的部将、官吏。贺循于是在会稽郡起兵响应。当时，石冰的大将抗宠有数千士兵，屯驻在会稽郡中的讲堂。贺循向抗宠移传檄文，陈述叛降的利弊，抗宠于是逃跑，程超和宰与都向贺循投降，会稽郡得以平定。贺循随后派人迎接张景回郡，之后立即遣散士兵。他闭门不出，一概不参与论功报赏。

贺循在讨伐石冰的部将、属官之后，拒绝论功报赏的原因大致有三个：一是贺循言行守礼，懂得谦让。当时他正好辞职还乡，对功名利禄的态度比较淡漠。二是贺循认为时局动荡，民生为重。晋惠帝在位期间，税役繁重，民不聊生，流民四起，社会生产遭受到极大的破坏。这种背景可能使他更加关注会稽郡的民生和社会稳定，而非个人名位。三是统治者内部矛盾尖锐，不宜从政。当时“八王之乱”加深了社会危机，拥有兵权的宗室王爷、军阀们争权夺利，互相攻伐，而朝廷无力掌控局面，即便是入朝做官，也不得不依附游走于军阀之间，朝不保夕。贺循不想卷入他们之间的纷争，为求自保，因此闭门不出，不求名禄。

小贴士：八王之乱

八王之乱是发生在西晋末年的一系列皇族内部争夺政权的动乱。从公元291年开始，至公元306年结束，历时16年。八王分别是：汝南王司马亮、楚王司马玮、河间王司马颙、成都王司马颖、长沙王司马乂、东海王司马越、赵王司马伦、齐王司马冏。

八王之乱的直接原因是晋武帝司马炎晚年的一些决策失误。他在位时，为巩固政权，大封同姓诸侯王，这些诸侯王掌握大量兵权，势力逐渐坐大。晋武帝去世后，继位的晋惠帝司马衷智力低下，无力治理国家，导致皇权旁落，皇族内部矛盾激化。

八王之乱大致可以分为两个阶段：

第一阶段（291年三月至六月）：从皇后贾南风发动政变开始，她先是利用楚王司马玮杀死辅政的杨骏，随后又以谋反罪名杀死司马玮，从此开始掌握大权。

第二阶段（299—306）：贾后废黜太子司马遹，激起宗室诸王不满。赵王司马伦起兵杀死贾后，废掉晋惠帝，并自立为帝。齐王司马冏、成都王司马颖、河间王司马颙等联合起兵反对司马伦，之后诸王之间为争夺皇位和控制权，展开连年混战。

八王之乱对西晋政权造成了毁灭性的打击：一是经济破坏，长期的战乱导致社会经济严重破坏，民生凋敝；二是人口流失，战乱中大量人口死亡或流离失所，加速了北方民族的内迁；三是政治分裂，战乱使得中央权威丧失，地方割据势力抬头；四是西晋衰亡，八王之乱最终导致了西晋的灭亡，316年匈奴族建立的汉国灭掉了西晋，从此开启了近三百年的南北朝分裂时期。

称疾不仕拒陈敏

贺循平定会稽郡之后的第二年，即永兴二年（305），扬州地区爆发了陈敏之乱。贺循在应对陈敏之乱的过程中，依然采取避祸自保的策略。

陈敏（？—307），字令通，庐江（今安徽舒城）人。年少时很有才干，最初是以郡廉吏之职补任尚书仓部令史。永康二年（301）正月，赵王司马伦篡位。齐王司马冏、河间王司马颙、成都王司马颖起兵讨伐司马伦，屯兵京师洛阳，致使仓廪空虚。陈敏向朝廷建议从南方运送米谷接济中原，于是被任命为合肥（今安徽合肥）度支，进而又改任广陵（今属江苏淮安）度支。太安二年（303），张昌起义，派遣石冰进兵寿春（今安徽寿县）。陈敏当时正在寿春，他率军以少胜多，连续作战，击败了石冰及其部众，以军功担任广陵相。当时，陈敏目睹中原正遭受“八王之乱”，社会动荡不安，于是有割据江东的打算。不久，陈敏之父去世，于是辞职回乡守丧。

永兴二年（305），东海王司马越起用陈敏为右将军、假节、前锋都督。同年十二月，陈敏拥兵历阳（今安徽和县），自称扬州刺史，并以江东首望顾荣等四十余人为将军、郡守，顾荣等人迫于形势，佯装服从于陈敏。扬州刺史刘机、丹阳太守王广等受到驱逐，弃官逃走。陈敏派遣部将占领乌江、江州、吴越之地，大有割据江东之势。陈敏命令属吏推举自己为都督江东诸军事、大司马、楚公，封十郡，加九锡。不久，陈敏又派遣他的弟弟荆州刺史陈恢攻打武昌，但是被江夏太守陶侃所击破。陈敏在江东一带的统治持续了一年多，其刑法和政令混乱，毫无章法，部下和子弟凶残暴虐，不得人心，史称“陈敏之乱”。

永嘉元年（307），东海王军咨祭酒华谭写信劝说顾荣不该“辱身小寇之手，以蹈逆乱祸之祸”。顾荣拿到书信后深感恐惧，害怕将来被当作朝廷的叛逆而获罪，于是与周玘商议派使者密请征东大将军刘准发兵攻击陈敏，而他们作为内应。不久，陈敏被攻，部众皆溃去，他被斩杀于建邺（今江苏南京）。

陈敏占据江东之时不仅招揽顾荣、周玘等江东豪族归附自己，也曾诈称朝廷诏书，任命贺循为丹阳内史。贺循推脱自己患有脚疾，手不能握笔，又服用寒食散，披头散发、袒露身体，来表示自己不堪任用，陈敏最终

晋司空贺穆公循像

不敢逼迫他。当时扬州的世族豪强大多被迫就范，有的年老多病，也被加封官职，只有贺循与吴郡世族朱诞没有参与其中。等到陈敏被镇压，征东将军周馥上奏朝廷，任命贺循领受会稽相，不久又任命他为吴国内史，官府征召他为贤良，他都没有前往就任。

贺循与顾荣、周玘等虽然都是江东的世家大族，但是在面对陈敏这种军阀的态度上，还是有较大的区别。贺循言行守礼，始终不与陈敏合作，坚持称病避祸自保。顾荣等人先是迫于淫威而屈从，后又慑于恐惧而颠覆。他们之间立身处世之品格高下互见。

元帝亲邀咨政道

陈敏之乱被平定的这一年是永嘉元年（307）。“永嘉”一词的通俗解释是永远美好的意思。但是这个年号，在历史上却与另一个词“永嘉之乱”有密切的关联。永嘉之乱是西晋怀帝永嘉五年（311），匈奴人刘渊之子刘聪率领军队攻陷西晋京师洛阳，俘虏晋怀帝，大肆抢劫，杀戮王公士民十余万人的一场浩劫。这场浩劫导致了西晋王朝灭亡。永嘉之乱使得中国北方经济崩溃，国家走向分裂：中国北部进入战乱不休的五胡十六国时期，南方则建立起东晋政权，史称“衣冠南渡”。在这场浩劫中，贺循遇到了安东将军司马睿（即后来的晋元帝），于是重新走上政治舞台。

永嘉元年的前一年是晋惠帝光熙元年（306），这一年的十一月十八日（307年1月8日），惠帝司马衷突然死亡。很快，惠帝的弟弟怀帝司马炽即位，改年号永嘉。至此，长达16年的“八王之乱”终于结束。“八王之乱”的胜利者东海王司马越被封为太傅，掌握了朝廷大权。

晋元帝司马睿像

根据《资治通鉴》卷86记载，永嘉元年七月己未，司马越任命部将司马睿"为安东将军，都督扬州江南诸军事，移镇建邺"。同年九月戊申，司马睿来到建邺。由于他是西晋宗室中没有什么名望的人物，江南的豪族、士大夫们不了解他，因此有好几个月没有人前来拜会、依附于他。司马睿的僚佐安东司马王导策划让司马睿在第二年（308）上巳节这一天，乘坐肩舆，带着仪仗队，出门观看当地百姓在水边举行的禊事活动。当日，司马睿由王导、王敦等僚属骑马陪同，把声势做得很大。纪瞻、顾荣等江南的豪族见到之后感觉很惊异，于是纷纷在道路旁边参拜。王导于是乘机对司马睿说："顾荣、贺循这些人是当地的豪门望族，您应当引导他们前来拜会，以此结交民心。他们二人若能前来依附，其他的世家大族便没有不来的。"于是司马睿派遣王导登门拜访贺循和顾荣，这两位都应邀前来拜会。很快，司马睿重新上书推荐任命贺循为吴国内史，任命顾荣为军司马，加散骑常侍头衔，凡军府的政事，都与他们谋划商议。

王导像

司马睿又采纳王导制定的

"谦以接士，俭以足用，以清静为政，抚绥新旧"方针。在这一方针的指导下，司马睿相继招揽了纪瞻、卞壶、刘超、张闿、孔衍等豪族名士进入军府，为东晋政权的建立奠定了统治基础。《晋书》卷6《帝纪第六·元帝纪》记载："永嘉初，（司马睿）用王导计，始镇建邺。以顾荣为军司马，贺循为参佐，王敦、王导、周颉、刁协并为腹心股肱，宾礼名贤，存问风俗，江东归心焉。"

贺循与司马睿的密切关系就在此时建立。《晋书·贺循传》记载了一个小故事，有一次司马睿与贺循谈论东吴时的旧事，问贺循说："孙皓曾经用烧红的锯子截断一个姓贺的人头，那人是谁啊？"贺循一时沉默。司马睿突然明白了，说："是贺邵啊！"贺循流着眼泪说："先父遭遇无道昏君，这是我贺循深深的伤痛，因此无法向您回答。"司马睿深感愧疚，自省三天，没有出门。

虽然与司马睿相处密切，但贺循对于远在北方的西晋朝廷的征召还是保持沉默。《晋书·贺循传》记载：在朝的东海王司马越想要任命贺循为参军，征拜其为博士，但贺循没有前往。其原因一方面固然是北方不安定；但另一方面，司马越在朝廷“专擅威权，图为霸业，不臣之心，四海所知”（《晋书·司马越传》），也是言行守礼的贺循所不能认同的。

在顾荣等人的辅佐之下，司马睿的实力得到增强。据《晋书·怀帝纪》记载：永嘉五年（311）正月，司马睿派兵前往寿春，击败镇东将军周馥，并将势力范围扩大到淮河以南一带。同年五月，朝廷任命安东将军、琅邪王司马睿为镇东大将军。恰在此时，军司马顾荣去世，司马睿有意让贺循接替顾荣的职务，但是贺循以病重为由，连连推辞。司马睿于是亲自写信给贺循，劝说其担任军司之职，信中说：“邦国殄悴，群望颙颙，实在君矣。苟义之所在，岂得让劳居逸！”结果，贺循还是没有答应。

永嘉五年六月，晋怀帝司马炽被攻陷洛阳的刘曜俘获。此时，司徒傅祗、司空荀藩、大将军荀晞、大司马王浚分别在各地建立行台，各奉一位宗室布告天下。其中以荀藩奉立的秦王司马邺行台影响较大，他们传檄要求各方镇出兵勤王。在这些势力当中，力量最强的镇东大将军兼督扬江湘广交五州诸军事的司马睿顺理成章被推为盟主。但司马睿无意北上，而专心经营自己的地盘。此时，他再次邀请贺循担任军咨祭酒。贺循仍然称病推辞，司马睿一再派人敦请。贺循不得已抱病前往觐见司马睿。司马睿亲自来到贺循乘坐的船上，当面咨询为政之道。贺循羸疾不堪拜谒，于是司马睿赏赐其朝服，并赐予宅第一区，以及车马床帐衣服被褥等物品。贺循坚持辞让，一无所受。

贺循虽然拒绝了司马睿的赏赐，但对于司马睿的咨政，还是给予了积极的回应。据《晋书·贺循传》记载，司马睿曾经向贺循询问如何防备长江沿线的盗贼。贺循指出了当时一些不妥当的应对之策，回答说：“长江水道有万里之遥，连通五州，是朝贡商旅往来的重要通道。据我所知，江中只有阖庐一处，地势险要，逃亡的人聚集于此。特别应该重兵防守，依照事态的变化而加以讨伐，断绝此处盗贼与其他盗贼的往来。沿江各县的官长，要在各自分界之内多设置亭候哨所，以加强对沿线官吏的监管，按时替代服役的兵士。按汉代制度，十里设置一亭，用以防禁切密。”司马睿采纳了他的建议。

司马睿为何一再邀请贺循为其佐僚呢？主要有两个方面的原因：一是贺循有才能，足以提供咨询，襄赞政务；二是贺循是江南世家大族的重要人物，招揽贺循具有团结巩固统治班底的示范意义。基于上述原因，司马睿便坚持将贺循留在身边，为己所用。

张闿毁门谢贺循

贺循辅佐司马睿，受到很高的礼遇，在江南为世人所敬服。南朝刘义庆的《世说新语》和唐朝房玄龄的《晋书·贺循传》都记载了一则廷尉张闿毁门向贺循致歉的故事，以体现贺循德高望重。

参照《世说新语》和《晋书·贺循传》的记载，这个故事的梗概是：廷尉张闿住在建邺附近的一个小市，为了夺占左右近邻的房舍，扩大自己的居所，私自建造了小市的都门，派人把守，每天早闭晚开。老百姓进出很不方便，于是到州府衙门去诉讼。怎奈衙门忌惮权贵，不予受理，于是人们又去京城敲击登闻鼓，仍然没有衙门愿意出面裁判。人们听说司空贺循出门到破冈（在今江苏句容南），便连名具状到贺循那里诉说。贺循说："身被征作礼官，不关此事。"（《世说新语》有此言语记载，但《晋书·贺循传》没有记载）老百姓给他磕头说：“如果府君也不管我们，我们就没有地方申诉了。”贺循没说什么，只是让大家暂且都退去，说：“我见到张廷尉，一定替大家过问一下这件事。”张闿听说后，立刻让人把小市的都门拆了，而且亲自到方山（今江苏南京东南）去迎接贺循。贺循拿出状辞给他看，说：“这件事本用不着我过问，只是和您是世交（贺循曾祖贺齐与张闿曾祖张昭相善），为了您才舍不得扔掉它。”张闿惭愧地谢罪说：“百姓有这样的要求，当初我没有立刻了解到，门早已拆了。”

除了《世说新语》和《晋书·贺循传》，宋朝郑樵的《通志》、宋朝费枢的《廉吏传》、宋朝周应合的《景定建康志》、宋朝李昉的《太平御览》、宋朝王钦若等的《册府元龟》、宋朝祝穆的《古今事文类聚·续集》、明朝陈耀文的《天中记》、明朝彭大翼的《山堂肆考》等文献都对这个故事有所引述，可见其流布很广。

然而，对这个故事发生的时间，各种文献的说法有所不同。《世说新语》和《天中记》记载说是发生于“元皇帝时”和“元帝时”，即司马睿称帝之后。《晋书·贺循传》把这个故事编排在晋愍帝即位之前，此时贺循正担任司马睿的“军咨祭酒”。《通志》《廉吏传》《册府元龟》《古今事文类聚·续集》《山堂肆考》的说法与《晋书》相近。《景定建康志》记载故事发生在“贺循为太子舍人之时”。根据前文推测，贺循担任太子舍人，是在元康二年（292）后面几年到永康二年（301）之间。那时候，贺循虽已名列“五俊”，但刚刚担任“京官”，尚不足以德高望重，因此，《景定建康志》的说法是不准确的。

不过，如此生动的故事在《晋书·张闿传》中却没有记载，不得不令人生疑。据《晋书·张闿传》记载，张闿（265—328），晋朝丹阳（今属江苏）人，字敬绪。张昭曾孙。少孤，有志操。晋元帝为晋王时，为安东参军，转丞相从事中郎，以母忧去职。晋明帝时为丹阳县侯。晋成帝时为晋陵内史。苏峻之乱时，他与大臣王导一起入宫侍卫，密谋讨伐苏峻。苏峻之乱平定后，张闿以尚书加散骑常侍，赐爵宜阳伯，迁廷尉。后以患疾解职，拜金紫光禄大夫，不久去世，时年64岁。

从张闿的生平可以看出，他担任廷尉的时候，是在苏峻之乱平定之后，而那时，贺循已经去世多年（贺循去世于公元319年）。因此，张闿毁门向贺循致歉的故事如果确有其事，则应当发生于张闿担任廷尉之前。根据《世说新语》所记载贺循的“身被征作礼官，不关此事”这句话推断，有可能发生在贺循出任礼官之时。据《晋书·贺循传》和《晋书·元帝纪》记载，建武元年（317）三月，司马睿称晋王，在建康（今江苏南京）立宗庙社稷，并拜贺循为太常。太常是朝廷主管礼仪的官员。此时，张闿应当是担任给事黄门侍郎或侍中之职，并非廷尉。1700多年来，经过刘义庆润色过的张闿毁门向贺循致歉的故事，早已不是历史事件的原貌，但是这个故事所刻画出的为世人敬服的贺循形象，却深深地影响着后人对贺循的评述。

小贴士：苏峻之乱

苏峻之乱，是东晋成帝年间发生的一次大规模叛乱，爆发于咸和二年（327），由历阳内史苏峻发动，他联结镇西将军祖约以讨伐庾亮为名起兵进攻建康。于次年攻破建康并执掌朝政，庾亮则与江州刺史温峤推举征西大将军陶侃为盟主，建立讨伐军反抗苏峻，同时三吴地区亦有义兵起兵。随着苏峻战死和余众陆续被消灭，乱事于咸和四年（329）结束。

第三章　开凿运河泽桑梓

善治越地首治水

绍兴位于杭州湾南岸，西连杭州，东接宁波，南邻台州、金华，北望嘉兴。其地势南高北低，境内南部和中部为龙门山、会稽山、四明山及其余脉山地和山间的盆地、谷地，北部为沿江、沿海平原。绍兴境内河道密布，湖泊众多，主要有汇入钱塘江的曹娥江、浦阳江、鉴湖水系；另有少部分地区属于壶源江、甬江水系。浙东运河东西横贯北部，与南北向河流沟通，交织成北部平原较为密集的河网。绍兴地处亚热带季风气候区，四季分明，湿润多雨；夏、秋季常有暴雨，加之沿海地区经常受到潮汐顶托，排水不畅，极易发生洪涝灾害。

绍兴古属越地，是浙江历史文化最为悠久的地区之一。根据最新有关嵊州兰山庙石器时代遗存的考古研究，在距今14万至15万年前，就有人类在境内繁衍生

绍兴会稽山

息。著名的嵊州小黄山遗址距今也有9000多年。萧山（历史上属于绍兴）跨湖桥遗址、余姚（历史上属于绍兴）河姆渡遗址、诸暨楼家桥遗址、柯桥马鞍寺桥遗址等古文化遗址，都留下古人在绍兴生活生产的痕迹，其中不乏先民用水和治水的遗存。大禹治水的传说在绍兴大地上留下了丰富的文化印记，经过历代人们不断地研究和演绎，已经成为古人治水的经验总结和今人治水的思想源泉。民以食为天，食以农为本。善治越地首治水，历代开明君主和贤吏能臣在治理越地的时候，莫不重视对农田水利的筹划和经营，为越地留下了丰厚的治水文化遗产。

绍兴大禹陵（全国重点文物保护单位）

春秋时期，於越部族在绍兴一带建立越国，留下了许多治水的遗存。如越王勾践命人修筑了富中大塘、练塘、吴塘，用来种植和蓄水，又开通了山阴故水道，连接都城和阳春亭等地，改善交通；为了保障山阴故水道的安全，又在其沿线修筑了山阴故陆道，在作为陆路通道的同时，又可作为阻止海潮侵袭的堤塘；范蠡开挖了养鱼池，用来发展养殖。此外，还在海边建造了石塘，用于停泊战船。这些遗迹如今大多数能够找到踪迹，其中的山阴故水道作为如今中国大运河最古老的河道之一，已经成为世界遗产。此外，绍兴以往的文物调

越絕書十五卷
四部叢刊史部
山陰古故陸道出東郭隨直瀆陽春亭山陰
故水道出東郭從郡陽春亭去縣五十里
語兒鄉故越界名曰就李吳彊越地以為戰
地至於柴辟亭
女陽亭者句踐入官於吳夫人從道產女此
亭養於李鄉句踐勝吳更名女陽更就李為
語兒鄉
吳王夫差伐越有其邪句踐服為臣三年吳

山阴故水道的记载（《越绝书》）

查发现的富盛镇塘城水坝、鉴湖街道秦望水坝和云松水坝等都是春秋战国时期的治水遗存。当时，绍兴的沿江和沿海平原还没有完全形成，会稽山的山麓地带还经常受到潮汐的影响，淡水是十分珍贵的生活和生产资源。因此，上述这些塘坝的分布，基本位于会稽山的山麓地带，通过筑坝拦截山溪以达到储蓄和利用淡水的目的。

秦统一中国之后，为了镇压越人的反抗，强迫越人外迁，导致越地的发展出现衰退的情况。经过西汉一代的经营，越地的发展虽然有所恢复，但由于史料对这

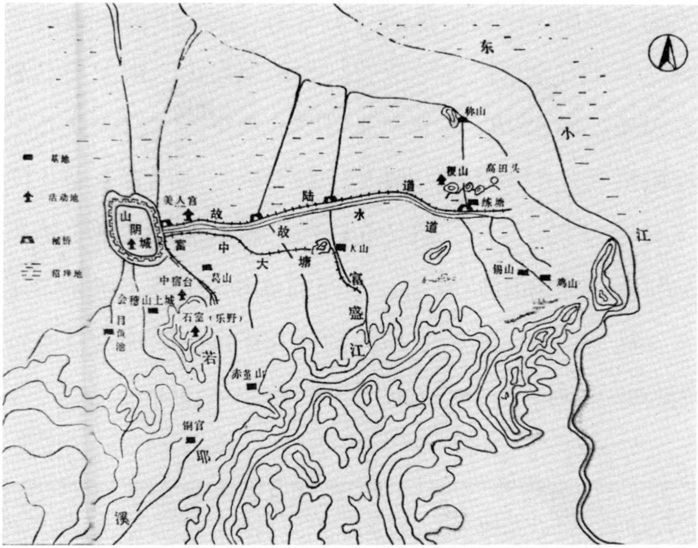

春秋晚期越国故水道与生产基地示意图（《鉴湖与绍兴水利》）

一时期的治水记载较少，加之考古资料也较少，因此目前尚不清楚这一阶段越地治水的有关情况。东汉时期，回涌湖和鉴湖的修筑对越地的治水作出了重要贡献。其中，回涌湖是为了防止若耶溪洪水泛滥而修筑的滞洪水库。绍兴的古代地方志虽然记载回涌湖为会稽太守马臻所筑，但据绍兴水利专家盛鸿郎、邱志荣两位先生考证，该湖很可能为公元105年（东汉和帝时）前会稽太守马棱所修筑。东汉永和五年（140），会稽太守马臻修筑鉴湖，形成了湖堤蓄水高一丈有余、湖堤下的田地高于海又一丈有余的阶梯形地貌。如田地水少，则泄湖水灌溉田地；如水多，则开湖泄田中的水排入大海。此外，据陈桥驿先生考证，马臻又建造了广陵斗门、朱储斗门（又称为玉山斗门，遗址在今绍兴越城斗门老街）等用以排泄洪水和阻挡咸潮。鉴湖的修筑使得其后800多年里，越地沿江、沿海平原内的“九千顷”田地获得持续的收益，奠定了绍兴成为“鱼米之乡”的基础。

鉴湖图（《康熙会稽县志》卷首）

马臻之后，越地又涌现出一批治水的能臣贤吏。如西晋末年，贺循开凿了西兴运河；东晋时，王愔修筑会稽郡城都泗门，门有都泗堰在运河上，以控制鉴湖之水，防止其倾泻；唐元和十年（815），浙东观察使孟简开通了山阴新河和运道塘，使得越地的河湖水网的整治得到很大的提升，有力地改善了灌溉和交通条件。唐开元十年（722），会稽县令李俊之修筑了长达百余里的防海塘；唐贞元二年（786），浙东观察使皇甫政改玉山斗门改为玉山闸，基本完善了唐代越州海塘的体系，为沿江、沿海平原的垦殖提供了安全保障。从宋代开始，越地治水普遍使用石刻的“水则”来作为不同季节河湖水位的标准。到了明成化十二年（1476），绍兴知府戴琥在城内设置“山会水则”来调节府城及周边区域的水位；明嘉靖十六年（1537），绍兴知府汤绍恩建成三江闸，并设立“水则”来管控整个沿江、沿海（山会平原）的水位，持续发挥功能400多年。

上述能臣贤吏都是越地治水的重要人物，正是他们的伟大功绩，为绍兴历史文化发展奠定了坚实的基础。在这些能臣贤吏之中，贺循应当是非常杰出的人物，他所开凿的西兴运河，千百年来一直在发挥功能，并作为

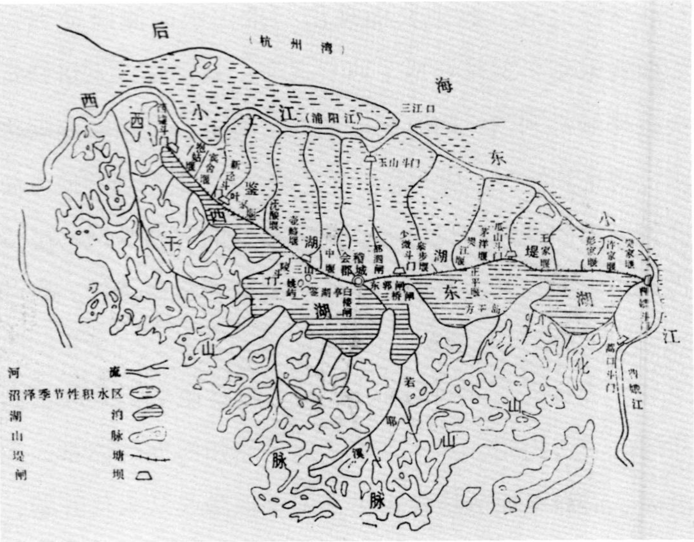

东汉永和至北宋山会水系示意图（《鉴湖与绍兴水利》）

如今中国大运河之浙东运河河道十分重要的组成部分，成为世界遗产。

临郡凿河为溉田

西晋末年，贺循开凿了西兴运河。此事的记载见于《嘉泰会稽志》。《嘉泰会稽志》是南宋施宿等人于嘉泰元年（1201）编纂的一部绍兴地方志，具有很高的

绍兴三江闸

史料价值，是研究绍兴历史和文化的重要资料。《嘉泰会稽志》对贺循开凿西兴运河的记载，历来为人们所重视，在有关研究作品中被广为引用。

据《嘉泰会稽志》卷10记载："运河，在府西一里，属山阴县，自会稽东流县界五十余里入萧山县。旧经云：晋司徒贺循临郡，凿此以溉田。"该记载表明山阴、萧山两县境内运河的开凿者是晋朝的贺循，开凿的目的是灌溉田地。又，《嘉泰会稽志》卷12记载："运河水路，东来自会稽县界，经县界五十三里一百六十步，西入萧山县界，胜舟五百石。"这条记载的是山阴县范围内的运河长度和通航能力。此外，《嘉泰会

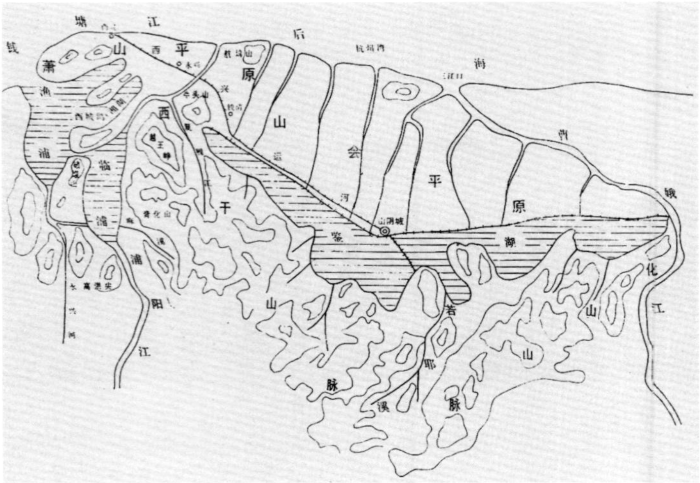

晋朝西兴运河与附近水系示意图(《鉴湖与绍兴水利》)

稽志》卷12记载：“运河路，东来自山阴县界，经县界六十二里，西入临安府钱塘县界，胜舟二百石。”“西兴镇，在县西一十二里。西兴受纳米仓，在县西一十二里。西兴商税场，在县西一十二里。西兴酒务，在县西一十二里。”这些文字记载的是萧山县范围内的运河长度、通航能力，以及运河连接钱塘江的重镇——西兴古镇的位置、仓储和税收机构设置等情况。

上述记载中提到的运河就是宋代的西兴运河。该运河最初由晋朝的贺循开凿，早期功能主要是灌溉田地。

光相桥（在绍兴古城内，全国重点文物保护单位）

运河穿过山阴、萧山两县，长度达到一百余里，最大通航能力为“胜舟五百石”，是连接绍兴古城和钱塘江边西兴古镇的重要水路。

《嘉泰会稽志》卷10对贺循开凿运河的记载来自“旧经’。这个“旧经”就是宋代的“图经”。图经是由地图发展而来，秦有秦地图，西汉称郡国舆地图，东汉便出现了图经。据姚振宗《后汉书·艺文志》载：“图经之名，起于汉代。诸郡必皆有图经，特无由考耳。”最早的图经是以图为主，以经为辅的。图表示地方的位置、疆域、山川、关隘，经是对图的文字说明。

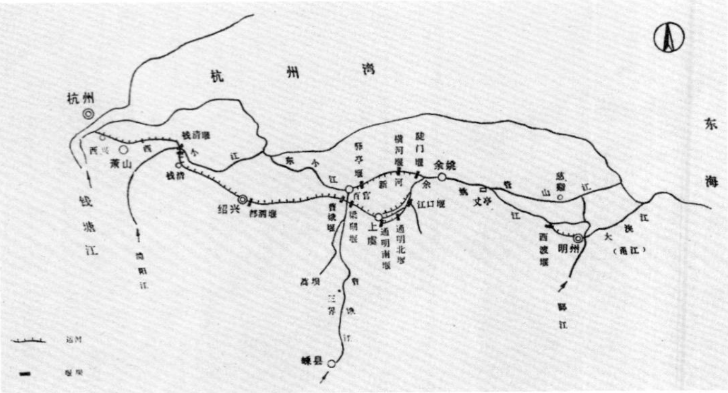

宋代浙东运河示意图（《鉴湖与绍兴水利》）

北宋初年，朝廷曾经诏令州县每三年或闰年选送一次方志舆图。大中祥符三年（1010），修成《祥符州县图经》后，次年颁发各地。图经作为朝廷掌握的由地方上报的“国情”资料，具有一定的权威性和可信度。历史地理学专家陈桥驿先生认为，《嘉泰会稽志》卷10介绍运河所引用的“旧经”就是大中祥符年间编修的《越州图经》。

当然，《嘉泰会稽志》卷10的记载，也有一些错误之处，以往的研究者很少提及。如运河方位“自会稽东流县界五十余里入萧山县”的表述就是明显错误的。历史上的会稽县设置于南朝陈，位于山阴县以东，是由原先山阴县东半部分拆分而成的，而萧山县位于山阴县之西，因此会稽县向东流五十里入萧山县是南辕北辙的。比照《嘉泰会稽志》卷12“运河水路，东来自会稽县界，经县界五十三里一百六十步，西入萧山县界”的记载，卷10记载的准确表述应当是：“运河，在府西一里，属山阴县，自会稽东来，流经县界五十余里入萧山县。”又如，把贺循的官职写成“司徒”，也是有问题的。司徒是古代高级官员，最早掌管邦国的土地、财赋、民众教化之事，不同时期职责上有所区别。在三国和晋朝，司徒与太尉、司空并称三公，是朝廷的高官。查《晋书·贺循传》，贺循一生并未担任过司徒之职，他去世后，朝廷“赠司空，谥曰穆”。因此，《嘉泰会稽志》卷10记载贺循是司徒，目前看来，没有史实依据。

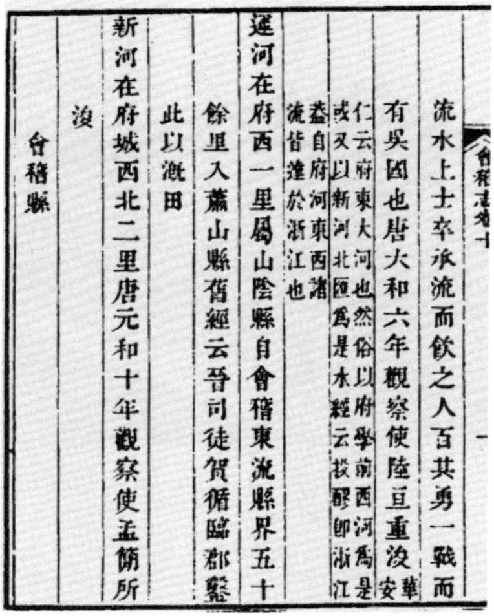
會稽志卷十
流水上士卒承流而飲之人百其勇一戰而
有吳國也唐大和六年觀察使陸亘重浚華安
仁云府東大河也然俗以府學前西河爲是
或又以新河北匯爲是水經云投醪卽浙江
蓋自府河東西諸
流皆達於浙江也
運河在府西一里屬山陰縣自會稽東流縣界五十
餘里入蕭山縣舊經云晉司徒賀循臨郡鑿
此以溉田
新河在府城西北二里唐元和十年觀察使孟簡所
浚
會稽縣

贺循凿运河、孟简浚新河的记载（《嘉泰会稽志》）

绍兴护城河城西段

史籍对贺循开凿西兴运河的记载目前仅见《嘉泰会稽志》引述“旧经”这一条，而《晋书·贺循传》却没有提及这件事，所以其可靠性受到质疑，但是《嘉泰会稽志》历来被称为地方志中的优秀作品，地位很高，其中关于西兴运河开凿的记载来源也是朝廷掌握地方情况的图经，不至于毫无依据，因此，关于西兴运河由贺循开凿的可能性是存在的，不能轻易否定。

关于贺循“临郡”开凿运河的时间，我们可从《晋书·贺循传》的有关记载做一番推断。作为西兴运河开凿的主持者，贺循理当是有官职在身的，或者虽无官职在身，但是在地方上有足够的威望和实力，否则很难统领和调配开凿运河所需要的人员、金钱、物资。根据前文，从太康三年（282）以后的数年之间，贺循开始担任阳羡县令、武康县令，到元康二年（292）以后几年担任太子舍人，再到永康二年（301）辞职回乡，这10多年中，贺循并不在会稽

“会稽“青釉瓷器堆塑罐（西晋，绍兴博物馆藏）

郡，不可能开凿运河。从永康二年到太安二年（303）年底贺循传檄讨伐石冰之后，贺循虽无官职在身，但一直在会稽郡。永嘉元年（307），“陈敏之乱”被镇压，征东将军周馥上奏朝廷，朝廷任命贺循领受会稽相，不久又任命他为吴国内史，官府征召他为贤良，但他都不就任，坚持留在家乡。从永嘉二年，贺循加入司马睿的阵营，被推荐任命为吴国内史，辅佐司马睿，到永嘉五年，司马睿邀请贺循担任军咨祭酒，这段时间里贺循应当不在会稽郡。而且此时贺循的身体状况非常糟

糕，"羸疾不堪拜谒"，司马睿于是要求贺循在建邺居住。此后，建武元年（317），贺循担任太常，到太兴二年（319），贺循因病去世，他也不常在会稽郡。因此，贺循在会稽郡主持开凿西兴运河的时间，很可能在永康二年（301）至永嘉元年（307）这8年之间。在这段时间里，虽然尚未发现贺循担任官职的记载，但他是会稽郡十分重要的贺氏家族的代表人物，具有很高的威望和足够的实力，能够号召家族成员和当地社会民众开凿运河。这一点，从他在太安二年年底传檄讨伐石冰，平定会稽郡就可以推断出来。

关于西兴运河的名称，这是后人对贺循开凿的连接会稽郡城和西兴古镇的运河的称呼。在史籍中，"运河"这一概念最早出现在北宋欧阳修编撰的《新唐书》卷36《五行志》中，即"开成二年夏，旱，扬州运河竭"。在此之前，运河的各段都是用"沟""渠""水"等来命名的。而西兴古称

青釉瓷双系虎首罐（西晋，绍兴博物馆藏）

西陵。据《嘉泰会稽志》卷1和《宝庆会稽续志》卷3记载，西陵最早是春秋战国时期越国的固陵所在，就是范蠡屯兵的西城。吴越王钱镠建都钱塘时，认为西陵这个名称不吉利，于是改称西兴，沿用至今。因此，晋朝还不存在西兴运河这个名称。西兴运河那个时代可能没有名称，也可能被称为“山阴水道”“西陵渠”或者“西陵水道”，与“山阴故水道”的名称类似。正是由于宋代地方志的记载，后人才得以探究贺循留下的功绩。

西兴运河传古今

西兴运河开凿之后，历朝历代对其进行了持续的水系维护和功能提升，以保障航道通畅。

据《新唐书》卷41《地理志》记载，唐元和十年（815），浙东观察使孟简在山阴县北五里开凿新河，在山阴县西北沿运河修筑运道塘，提升了西兴运河的通航能力。运道塘就是沿着运河修筑的石路，不仅可以让航船避风停靠，而且也可以让船夫背纤行舟，因此后世称之为“纤道”，也称为“官塘”。据清代《嘉庆山阴县志》卷20记载：“官塘，在县西十里，自西郭门起至

孟简像

萧山县共百里，旧名新堤，即运道塘。……明弘治中，知县李良重修，甃以石。后有僧湛然修之。国朝康熙年间，邑庠生余国瑞倡修，首捐资产，远近乐输万余金。数年工竣。”此后，咸丰、光绪年间又有修建。1947年，“绍兴县修筑官塘委员会”成立，对西兴运河的纤道作了较大规模的整修。20世纪70年代中期，绍兴县对纤道又作过维修。1988年，西兴运河上的古纤道被列入第三批全国重点文物保护单位。2014年，中国大运河成为世界遗产，而绍兴古纤道作为浙东运河的重要组成部分和悠久历史的见证物，与大运河（绍兴段）河道本体、八字桥、八字桥历史文化街区被列入世界遗产点。

除了唐代孟简开新河、修纤道，西兴运河上还有历代兴修的西陵埭、界塘、西兴塘、钱清堰等水利、航运设施。其中，西陵埭，始建于东晋南朝，在萧山县西，即后代之西兴堰，南朝陈时称为奉公埭，是西兴运河最

西兴运河上的古纤道（全国重点文物保护单位）

八字桥（位于绍兴古城，全国重点文物保护单位）

绍兴八字桥历史文化街区

西面的埭，邻近钱塘江。西陵埭大约在唐末就已经消失。“埭”，就是人工堆筑用于挡水的土坝。古时在江河水流湍急、沿路险阻之处设埭，用牛或人力牵引助船过埭，借以收税。南北朝时，在会稽郡境内的运河上，除了西陵埭，还有浦阳北津埭、浦阳南津埭两处重要的水利和航运设施，由于地处水运要道，官府每年都能征收数以百万计的过埭税。浦阳北津埭就是后来的曹娥堰，浦阳南津埭就是后来的梁湖堰，分别位于今绍兴市上虞区的曹娥江西岸和东岸，现只存遗址。界塘在绍兴府城西五十里，就在运河之上，是山阴县与萧山县分界所在。据清代《雍正浙江通志》卷57《水利六·绍兴府山阴县》记载，始建于唐垂拱二年（686）。西兴塘是保障西兴运河安全的海塘，据清代《嘉庆重修一统志》之《绍兴府一·堤堰》记载："在萧山县西十里，五代时钱镠始筑以遏海潮，内障江水。"钱清堰在萧山、山阴两县的交界处，最早是北宋时创建，成为钱清旧堰，距离萧山县城和山阴（越州城）都是五十里，是运河与西小江交叉之处的重要堰坝，分为南北两堰，分别建在西小江南北两岸的运河河口处。南宋时，商旅往来，拥挤不堪，嘉泰元年（1201）地方官建设了新堰，堰旁建设管理月房和牛棚，新堰和旧堰一同使用，终于解决了商

西兴老街

旅拥堵的问题。

在水利、航运设施建设之外，历代也十分重视对西兴运河河道的治理。

如《宋史·河渠志》记载，南宋乾道三年（1167），因为钱塘江南岸涨沙，造成西兴闸被江沙淤塞，地方官招募民夫自西兴至钱塘江疏浚沙河长达二十里。《宝庆会稽续志》卷4记载了南宋嘉定十四年（1221）绍兴知府汪纲对西兴运河的疏浚，称：“运河自萧山县西兴六十里至钱清堰。渡堰迤逦，至府城凡一百五里。自西兴至钱清一带，为潮泥淤塞，深仅二三尺，舟楫往来，不胜牵挽般剥之劳。嘉定十四年，郡守汪纲申闻朝廷，乞行开浚。除本府自备工役钱米外，蒙朝廷支拨米三千石、度牒七道，计钱五千六百贯。添助支遣，通计一万三千贯。于是河流通济，舟楫无阻，人皆便之。”此外，《宋史·汪纲传》记载，嘉定末年，汪纲因为西兴运河涨沙三十余里，妨碍航行，于是命人开浚八千余丈，并在江口设置闸门，既控制钱塘江泥沙侵入运河，又使得运河水不外泄。经过不断的治理，终于使西兴运河呈现出南宋王十朋《会稽三赋》中所描述的“堰限江河，津通漕输。航瓯舶闽，浮鄞达吴，浪桨风帆，千艘万舻”

西兴老街永兴闸遗址

西兴过塘行与老街

西兴运河上浙东运河古纤道遗产展示馆与太平桥

的繁荣景象。

元明清以来，人们对西兴运河的治理更是史不绝书。特别是明代对钱塘江支流浦阳江改道，西入浙江，再入海，加之明代绍兴三江闸的兴建，使得原来与西兴运河交叉的钱清江彻底成为内河，不再像以往那样潮水肆虐，于是西兴运河的航运条件大幅提升，并持续发挥航运功能500多年。直至21世纪初，新的杭甬运河建成，西兴运河的主线航道地位才被替代。

贺循雕像（绍兴运河园）

如今，西兴运河已经作

为世界遗产河道被妥善地保护、传承和利用。2002年，绍兴市在西兴运河沿线建成绍兴运河园，用以保护和展示运河悠久的历史文化。2013年，浙东运河古纤道遗产展示馆在运河上落成，成为展示运河历史和古纤道文化价值的专题场馆。2023年，浙东运河博物馆又在西兴运河北岸落成并开放，成为运河沿线新的文化展示窗口。

第四章　博览群书成儒宗

好学博闻著述丰

贺循是晋朝著名的大儒，《晋书·贺循传》说他“少玩篇籍，善属文，博览众书，尤精礼传”，是西汉经学家庆普的后人，家传“礼”学，造诣精深，为“当世儒宗”。他的著述丰赡，然而大多散佚，需要通过辑佚、钩沉等方式加以整理、研究。

《隋书》卷32《经籍志》提到贺循的著作有：《丧服要记》六卷（晋司空贺循撰）、《丧服谱》一卷（贺循撰）、《丧服要记》十卷（贺循撰，南朝梁庾蔚之注），《隋书》卷66《经籍志》又记有《会稽记》一卷（贺循撰）。《旧唐

青釉瓷三足砚（东晋，绍兴博物馆藏）

书》卷46《经籍志》记载贺循的著作有：《丧服要纪》五卷（贺循撰，南朝梁谢微注）、《丧服要纪》十卷（贺循撰，庾蔚之注）、《丧服谱》一卷（贺循撰）。此外，还有文集五卷（一作二卷），已佚。

从史书的记载来看，贺循的著作主要是《丧服要记》（一作《丧服要纪》）、《丧服谱》和《会稽记》，其中前两种是研究儒家“礼”学中“凶礼”的著作。《丧服要记》问世后，得到经学家庾蔚之等人的重视，为之作注。《宋书》卷55《列传第十五》记载：“颍川庾蔚之、雁门周野王、汝南周王子、河内向琰、会稽贺道养，皆托志经书，见称于后学。蔚之略解《礼记》，并注贺循《丧服》，行于世云。”六卷本《丧服要记》在隋代还有流传，到了唐代已经散佚。隋唐时期流传的是梁庾蔚之注解的十卷本《丧服要记》和谢微注解的五卷本《丧服

褐彩点青釉瓷蛙形水盂（东晋，绍兴博物馆藏）

要记》。《丧服谱》在隋唐之际也有流传，但其后也散佚了。

贺循对“礼”学的贡献，主要在于他对汉魏时期礼制的继承，以及结合永嘉前后的实际情况所作的调整。魏晋南北朝是中国历史上社会动荡频繁的时期，为了维护统治，当时的朝廷迫切需要对礼制进行继承和调整，而以贺循为代表的“礼”学名士，自然得到朝廷的重视。唐朝的孔颖达在《礼记注疏》卷首《礼记正义序》中说：“爰从晋宋，逮于周隋，其传礼业者，江左尤盛。其为义疏者，南人有贺循、贺玚、庾蔚之、崔灵恩、沈重、范宣、皇侃等；北人有徐遵明、李业兴、李宝鼎、侯聪、熊安生等。”晋朝的礼仪制度承继了曹魏和汉代，也根据实际情况，作了一些新的调整，因为社会处于变革之中，所以朝廷官员常常会就礼仪问题发生争论，贺循关于“凶礼”的著作就是在这样的背景下撰写的。

贺循对礼仪的观点比较正统，既坚持经典，也有所变通。例如，《通典》卷98引贺循《丧服要记》称：“生于他方，不及见祖父母、诸父、昆弟，若闻丧之日月已过，不为税服，以未尝相见，恩情轻也。若日月未过，服之如常。”在动荡的时代，原先聚族而居的家族分散流离，“生于他方”听闻亲属之丧是常有的事情。贺循认为，“凶礼”依据实际情况有所变通是必然的。《晋书》卷20《志第十·礼中》记载：“是时中原丧乱，室家离析，朝廷议二亲陷没寇难，应制服否？太常贺循曰：‘二亲生离，吉凶未分，服丧则凶事未据，从吉则疑于不存，心忧居素，允当人情。’元帝令以循议为然。”晋朝的礼制在传统与现实之间寻求平衡，贺循和当时的一些儒士多次参与讨论，并在其中发挥着重要作用。

至于《会稽记》，则是贺循撰写的一卷地理志书，原本久佚。今存五条，百余字，为鲁迅等人从《太平御览》《太平寰宇记》《舆地纪胜》等书中辑出。《会稽记》记载了少康封其少子号“於越”为越国之始、会稽山禹井、石箦、防风氏与刑塘、始宁置

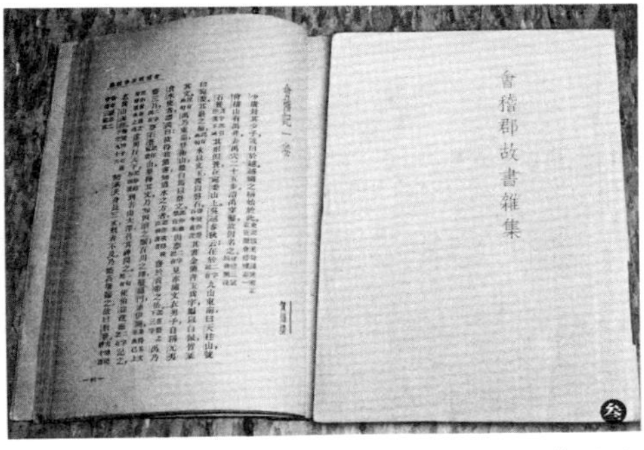

贺循撰《会稽记》（《会稽郡故书杂集》本）

县时间等内容。今有鲁迅《会稽郡故书杂集》本传世。

从贺循遗留下来的著作来看，贺循是一位既精研“礼”学又重视故乡掌故收集整理的饱学之士。

精研礼学定庙礼

建武元年（317）三月，司马睿称晋王，在建康立宗庙，并拜贺循为太常。当时宗庙刚刚建立，因为社会动荡，原先的礼仪制度和执事人员多有缺失。贺循对礼学有十分精深的研究，在担任礼官太常期间，他对宗庙礼乐和祭祀制度的创制作出了重要贡献。

在宗庙礼乐的制订方面，贺循主张旧典不存，依仿汉魏古礼雅乐，自行增损创作新乐。据《晋书》卷23《志第十三·乐下》记载：“永嘉之乱，海内分崩，伶官乐器，皆没于刘、石。江左初立宗庙，尚书下太常祭祀所用乐名。太常贺循答云：‘魏氏增损汉乐，以为一代之礼，未审大晋乐名所以为异。遭离丧乱，旧典不存。然此诸乐皆和之以钟律，文之以五声，咏之于歌辞，陈之于舞列。宫悬在庭，琴瑟在堂，八音迭奏，雅乐并作，登歌下管，各有常咏，周人之旧也。自汉氏以

印龙凤纹盆（西晋，绍兴博物馆藏）

来，依仿此礼，自造新诗而已。旧京荒废，今既散亡，音韵曲折，又无识者，则于今难以意言。’于时以无雅乐器及伶人，省太乐并鼓吹令。是后颇得登歌，食举之乐，犹有未备。”其后，到东晋明帝时，朝廷依据贺循的主张创制了宗庙的礼乐。据清朝允禄、张照等人编纂的《御制律吕正义后编》卷81《乐制考四·晋》记载：“明帝太宁三年（325），正庙乐。……至是年，帝诏阮孚等损益之。”

在宗庙祭祀制度方面，贺循主张兄弟同辈不相为后，宗庙世数以昭穆排列，神位数量不拘常数。根据《通典》卷47《礼七·吉六·天子宗庙》记载，晋武帝司马炎即位后，立庙祭祖，追赠皇祖宣王司马懿为宣帝（庙号高祖），皇伯考景王司马师为景帝（庙号世宗），皇考文王司马昭为文帝（庙号太祖）。后来参照曹魏宗庙制度，追祭东汉的征西将军司马钧、豫章（《通典》作“章郡”有误，此据《晋书》改正）太守司马量、颍川太守司马儁、京兆尹司马防，与宣帝司马懿、景帝司马师、文帝司马昭为三昭三穆。到司马睿建立宗庙之时，旧时的制度缺失，有大臣提议将晋惠帝和晋怀帝作为两代帝王来祭祀。倘若如此，按照《礼记·王制》“天子七庙”和西晋时期实行的昭穆、兄弟混杂计算宗庙世数的规定，则颍川太守司马儁超过七世（从司马儁之子司马防到晋怀帝正好七个皇帝），应该“迭毁”，即把神位从宗庙移出。司马睿认为，宗庙世数虽然称为七个，但因为其中有兄弟同辈占据不同宗庙世数的情况，实际只有两昭两穆，不符合天子宗庙三昭三穆的规格，一时无法决策，于是将此事交给贺循等大臣讨论。

贺循认为，礼制规定，兄弟不相为后，他们是同辈，不能承代作为两世。惠帝、怀帝是兄弟，都是继承世祖司马炎的，应当同为一世。从颍川太守司马儁到晋

青釉瓷魁（西晋，绍兴博物馆藏）

怀帝实际并没有超过七世，既然有八位皇帝，就应当都将其神位留在宗庙里面，且在宗庙七室之外安放一处神位。当今皇帝继承的是皇室大宗世祖司马炎，与惠帝和怀帝都是兄弟，而非惠、怀二帝之后，则二帝的神位应该从宗庙移出，另行安置。

又有大臣说，景帝司马师与文帝司马昭也是兄弟，应该与惠、怀二帝同样处置。贺循认为，司马昭对晋朝的建立有巨大的功劳，他奠定了王业的根本，是晋室祖宗中一位功勋卓著的人物，就算经历百世，也不能将其神位迭毁，况且世代相近，庙数也相容，不可以将其神位移出宗庙。昭穆是父子神位在宗庙里的位次，如果兄弟人数较多，超过宗庙祭祀神位的常数，并以此毁弃祖先的神位，则会造成祖位空悬，世数不足。三昭三穆加上太祖合称七庙，是天子宗庙祭祀的常数。当今皇帝继承大统，应当也有五六世之祖，以合三昭三穆的规制，尊豫章太守司马量为六世祖、颍川太守司马儁为五世祖，都不应当迭毁。当时，尚书仆射刁协与贺循有不同的主张。贺循依礼制解答，十分深入和完备。最终司马睿听从了贺循的主张确定了宗庙的礼制。

当时，朝廷凡在礼制方面有疑问的，大多咨询贺循，贺循依据儒家经典答对，被尊为“当世儒宗”。

太兴元年（318）三月，司马睿即皇帝位。不久，有司奏琅邪恭王应该被称为皇考。司马睿出生于晋朝皇室的小宗，他的曾祖是司马懿，祖父是司马伷，父亲是琅邪恭王司马觐。到司马睿这一代已经距晋朝皇室大宗司马炎这一支较远。司马睿为此征求贺循的意见，该不该追认生父为皇考，贺循表示反对，说：“根据礼制的规定，儿子不敢把自己的名爵加在其父名号之前。”司马睿采纳了贺循的建议，没有把琅邪恭王追封为皇考，反而封皇子司马裒为琅邪王，奉司马觐之祀，同时把嫡长子司马绍立为太子。这件事情在当时还是很有影响的。因为晋朝有好几任皇帝的继承都是“兄终弟及”，依照贺循建议所形成的规制，康帝司马岳、哀帝司马丕等继任的皇帝都遵从继承皇室的大宗而不推崇自己所在小宗的礼制，从根本上维系了皇室大宗的地位，以防止皇统继承出现混乱。

鉴于贺循为朝廷确定宗庙礼仪，奠定东晋政权合法性所作的重要贡献，太兴元年，司马睿任命贺循为太子太傅，同时保留太常之职。

小贴士：昭穆制度

昭穆制度是宗庙制度之一，为古代宗庙的排列次序。

庙制规定，天子立七庙，诸侯立五庙，大夫立三庙，士立一庙，庶人无庙，以此区分亲疏贵贱。

延伸到民间，祠堂神主牌的摆放次序也就是昭穆制度，如，始祖居中，左昭右穆。父居左为昭，子居右为穆。二世为昭，三世为穆；四世为昭，五世为穆；六世为昭，七世为穆；二、四、六世为昭，三、五、七世为穆；先世为昭，后世为穆；长为昭，幼为穆；嫡为昭，庶为穆。

依礼奏对制典章

司马睿称帝之后，贺循除了参与宗庙礼仪的制定，还继续对朝廷其他重要典章的制定提出意见，并获得认可。

比如，贺循制定了东晋初期皇帝的祭祀天地的典章。据《晋书》卷19《志第九·礼上》记载："元帝渡江，太兴二年（319）始议立郊祀仪。尚书令刁协、国子祭酒杜夷议，宜须旋都洛邑乃修之。司徒荀组据汉献帝都许即便立郊，自宜于此修奉。骠骑王导、仆射荀崧、太常华恒、中书侍郎庾亮皆同组议，事遂施行，立南郊于巳地。其制度皆太常贺循所定，多依汉及晋初之仪。三月辛卯，帝亲郊祀，飨配之礼一依武帝始郊故事。”

所谓郊祀，是古代帝王祭祀天地的制度，起源于周代。郊祀包括祭天、祭地、祭日和祭月，分别在南郊、北郊、东郊和西郊举行。其中，祭天尤为重要，必须由帝王亲自举行，而祭地等则可以由帝王亲自或派人举行。在皇家典章制度中，筑坛郊祀的礼仪是皇权神圣、

青釉瓷双系鸡首壶（西晋，绍兴博物馆藏）

正统的象征，其重要性不言而喻。从《晋书》的记载来看，当时参与奏议郊祀礼仪的大臣除了贺循，还有尚书令刁协、国子祭酒杜夷、司徒荀组、骠骑王导、仆射荀崧、太常华恒、中书侍郎庾亮等多人，而贺循以“当世儒宗”的身份最终奏定皇帝祭祀天地的典章，并得到皇帝的认可和实行，足见元帝对他的推崇和倚重。

关于贺循制定祭祀天地典章的细节，史书也有一些记载可供探究。如当时确定祭天的天坛在都城建康城南七里，坛上供奉众神。据《景定建康志》卷44《祠祀志》引《唐会要》称：“晋元帝建武二年（考《晋书·礼制》，当为太兴二年，319年），定郊兆于建业之南，去城七里，一坛之上，尊卑杂位千有五百神。”郊兆即祭坛。建业即建康，东晋初改名。又据《后汉书》卷17《祭祀志》记载：“（建武）二年（26）正月，初制郊兆于洛阳城南七里……圆坛八陛，中又为重坛，天地位其上……神凡千五百一十四。”由此可知，贺循所奏定的郊坛制度，其实来自东汉旧制，天坛在城南七里。

贺循除了制定东晋祭祀天地的典章，还草拟了皇帝藉田的典章。藉田是古代中国的一种重要农业仪式，旨在祈求农业丰收和展示国家对农业的重视。这个仪式

褐彩青釉瓷六系罐（东晋，绍兴博物馆藏）

通常在春季进行，由天子或诸侯亲自参与，象征性地耕种，以示对农业的重视。藉田的起源可以追溯到原始社会，当时的部落首领会带头耕种，随后大规模的春耕生产才开始。在周代，藉田成为一项重要的吉礼，规定天子执耒三推三返，群臣以次耕种，以祈求丰收。这个礼仪一度被废，到汉文帝时又开始实行。魏晋时期沿袭了这种典章。据《晋书》卷19《志第九·礼上》记载，晋元帝司马睿将修耕藉。尚书符问：“藉田，至尊应当亲自祭祀先农否？”贺循回答说：“汉代礼仪还没有，只有至尊亲自祭祀的文字。然而《周礼》说，王者祭祀四望，要佩戴毳冕，祭祀社稷五祀，要佩戴絺冕，因此不能说没有亲自祭祀的要义。应该创立关于藉田典章的注解。”随后，贺循等朝臣根据元帝的要求，上奏了藉田典章的注解，但因为是草创，最终没来得及实行。

总之，贺循精研礼学，在东晋初年为朝廷典章制度的创立作出了重要贡献，发挥了巩固东晋政权的作用。

第五章　位登保傅朝望隆

南土之秀安天下

太兴元年三月丙辰（318年4月26日），司马睿在建康（今江苏南京）即皇帝位，建立了东晋政权。东晋政权的建立源于永嘉元年（307）东海王司马越命琅邪王司马睿为安东将军，都督扬州江南诸军事，来到江东，经营后方。司马睿听从王导的建议，联络团结江南的世家大族，奠定了统治的基础。在统治阶层里，把江南重要的世家大族中的代表人物称为“南土之秀”。

褐釉瓷双系执把鸡首壶（东晋，绍兴博物馆藏）

据《晋书》卷65《列传第三十五·王导》记

载，（元）帝尝从容谓（王）导曰：“卿，吾之萧何也。”对曰：“昔秦为无道，百姓厌乱，巨猾陵暴，人怀汉德，革命反正，易以为功。自魏氏以来，迄于太康之际，公卿世族，豪侈相高，政教陵迟，不遵法度，群公卿士，皆餍于安息，遂使奸人乘衅，有亏至道。然否终斯泰，天道之常。大王方立命世之勋，一匡九合，管仲、乐毅，于是乎在，岂区区国臣所可拟议！愿深弘神虑，广择良能。顾荣、贺循、纪瞻、周玘皆南土之秀，愿尽优礼，则天下安矣。”帝纳焉。这就是南土之秀的出处。

贺循作为南土之秀的代表人物之一，对东晋政权的建立有重要的贡献，主要表现在以下几个方面：

首先，贺循在政治上支持司马睿在南方建立统治。贺循是江南士族的代表人物，在西晋末年社会动荡之际，他讨伐石冰、拒绝与陈敏合作，一直致力于维护社会的稳定。当司马睿来到南方之后，贺循经过与其接触，认为司马睿具有平定南方的能力，于是他与顾荣等江南世族选择支持司马睿，这对东晋政权的建立至关重要。

其次，贺循在经济上为东晋政权的建立提供了物质基础。贺循从西晋朝廷职回乡后，发挥自己在会稽郡的影响力，兴修水利，开凿了西兴运河，用以灌溉农田，有力地提高了会稽郡的经济水平，为东晋的统治提供了重要物质保障。据北宋王钦若等编撰的《册府元龟》卷671《牧守部》记载，晋元帝司马睿曾经评价会稽郡称“今之会稽，昔之关中，足食足兵，在于良守”，对有运河水利的会稽郡给予了极高的评价。

再次，贺循为东晋的文化发展作出了重要贡献。贺循精研儒学，是礼学大家。他不仅制定了东晋的宗庙制

越王台（旧绍兴府衙所在地）

度、郊祀礼仪，而且对丧服制度、地方风俗等都有独到的研究和见解，对东晋文化的发展起到了推动作用。

最后，贺循在协调南北士族关系和举荐人才方面，对巩固东晋政权贡献了自己的力量。贺循在西晋末到东晋初年担任吴国内史、军咨祭酒、太常、太子太傅等重要的职务，他的政治影响力有助于缓解南北士族之间的矛盾，促进了东晋政权的稳定。同时，《晋书·贺循传》记载 他“雅有知人之鉴”，向朝廷推荐了会稽郡杨方、山阴县丁潭、颍川郡荀祖等一批贤士。许多有才能的士人得到他的推荐而进入仕途，这些人才后来成为东晋政权的中坚力量。

贺循的上述贡献，为东晋政权的建立和稳固打下了坚实的基础，他的政治活动也体现了当时南方世家大族在东晋政治中的重要作用。

望重缙绅常思退

贺循是西晋末至东晋初年南方世家大族的代表人物之一，可谓望重缙绅，但是在他的一生中，常常拒绝担任各方势力举荐的官职。这个现象是可以理解的，因为贺循身逢乱世，有保全性命的观念，非常正常。不过，在他遇到司马睿之后，仍然多次拒绝接受其推荐任命的官职，而只是部分地听从，这的确值得探究一番。

永嘉二年（308），贺循被时任安东将军的司马睿上书推荐为吴国内史。这是贺循从永康二年（301）辞官回乡之后首次复出担任官职。

此前，赵王司马伦推荐他为南中郎长史，陈敏推荐他为丹阳内史，征东将军周馥上书推荐他为会稽相，不久又推荐他为吴国内史，公车征贤良，都被贺循一一拒绝了。贺循虽然望重天下，但对时局有着清晰的判断。他认为司马伦、陈敏、周馥等人都是一时得势，迟早会败亡。因此，选择不接受他们的举荐，不与他们合作，这是明智之举。

追随司马睿之后，贺循先后担任过吴国内史、军咨祭酒、太常、太子太傅等职务。在贺循去世之前，司马睿授予他左光禄大夫、开府仪同三司。但在这个过程中，贺循也曾多次拒绝出任官职。如永嘉五年（311）五月，司马睿担任镇东大将军，恰遇军司马顾荣去世，司马睿想让贺循担任军司马之职，被贺循以病重拒绝了。建兴元年（313）四月壬申（6月7日），司马邺（愍帝）即位。不久，朝廷征拜贺循为宗正，司马睿又推荐他为侍中，因为道路险阻，不能成行。随后，贺循又因为参与讨伐江州刺史华轶有功，要封为乡侯，贺循以卧病在家，坚决辞让不受。建武元年（317），司马睿任命贺循为中书令，加散骑常侍，又被贺循以年老病重为由推辞。

贺循每次推辞担任官职的理由几乎都是病体沉重。《晋书·贺循传》称："循自以枕疾废顿，臣节不修，上隆降尊之义，不替交叙之敬，惧非垂典之教也，累表固让。"一是他曾经服用寒食散，损伤了身体；二是年老体衰，不能承担过于劳累的职务；三是贺循言行守礼，有自谦之举。

除了推辞官职，他还对司马睿的赏赐予以辞让，坚持自己清贫的操守。如《晋书·贺循传》记载，永嘉五年（311），司马睿敦请贺循为军咨祭酒，"赐第一区，车马床帐衣褥等物。循辞让，一无所受"。太兴元年（318），司马睿以贺循清贫，下令曰："循冰清玉洁，行为俗表，位处上卿，而居身服物盖周形而已，屋室财庇风雨。孤近造其庐，以为慨然。其赐六尺床荐席褥并钱二十万，以表至德，畅孤意焉。"循又让，不许，不得已留之，初不服用。

通过以上探究，可知贺循是一位明辨时局，能够恰当地选择追随者，且具有清醒头脑的政治家；同时，他又是一位恪守礼学，对功名利禄始终保持克制，安于清贫的儒学名士。

銮跸降临恩崇深

太兴二年（319），太子太傅、太常贺循六十岁。在两晋之交，社会动荡的时代，六十岁的年龄已经是相对长寿了。基于贺循对东晋政权所作出的重要贡献，皇帝司马睿和皇太子司马绍对贺循恩宠有加，对年迈的贺循多次提出的辞表屡屡不予批准，冀图挽留。

《晋书·贺循传》记载，司马睿下诏说：“（贺）循体德率物，有不言之益，敦厉备至，期于不许，命皇太子亲往拜焉。”贺循身患疾病，每当有宾客来访，都恭敬地接待对谈。司马睿特地下诏，不让宾客去打搅贺循，使其安心养病，以示关爱。

太兴二年六月，贺循日渐病重，上表请求辞官，把印绶交还朝廷，改授左光禄大夫，加开府仪同三司。

司马睿亲自到贺循家中探望，并派遣使臣持节，给贺循加印绶。贺循此时已经不能说话，仍然用手指点左右仆从，推辞官服。司马睿亲自拉着贺循的手，泪眼相望。皇太子司马绍亲自探望贺循三次，往返都以礼参拜。当时的儒家人士，看到皇帝和皇太子如此恩宠贺循，都以贺循为荣。《晋书·元帝纪》记载，这一年的“秋七月乙丑（8月29日），太常贺循卒”。

贺循去世后，司马睿素服举哀，痛哭流涕，极尽哀荣。不久，下诏追赠贺循为司空，赐谥号曰“穆”。“穆”在“谥法”中有“恭敬顺从、布德执义”的意思。司马睿以此评价贺循的一生，足以体现其对贺循为人为政的高度认可。等到贺循将要安葬的时候，司马睿又亲自到灵柩前痛哭尽哀，并派遣大臣持节监护。皇太子司马绍又追送贺循的灵柩，并望着装载灵柩的船只流泪表达哀思。

唐朝的史官房玄龄等人在编写《晋书·贺循传》时，对贺循去世和皇帝、皇太子致哀的情节描写非常细致。房玄龄等人评价贺循说：“（贺）循位登保傅，朝望特隆，遂使銮跸降临，承明下拜。虽西汉之恩崇张禹，东都之礼重桓荣，弗是过也。”可见，当时贺循在历代大臣中的名望是相当高的。当然，史官修史时不遗余力地表彰贺循，描述帝王对儒家名士的恩宠，也有希冀当朝重视儒学的意思在内。

第六章　诗礼之家传世长

会稽先贤有后人

贺循所在的会稽贺氏家族源远流长，名士辈出。根据《晋书》《南史》《旧唐书》《新唐书》《嘉泰会稽志》《万姓统谱》，以及贺氏的有关家谱等文献资料记载，贺循后代及家族有名的人士有贺道养、贺玚、贺革、贺德仁、贺知章等，对传统儒家典籍的研究和文学的发展产生了重要的影响。

贺循去世后，其子贺隰，在东晋康帝司马岳当政时官至临海太守。史书中关于贺隰的记载非常少，生平事迹不详。经查，只在《通典》卷94《凶礼·士为所生母服议》中发现收录有贺隰与虞君宾的一段有关丧服和丧礼的讨论。其内容简述如下：

虞君宾向贺隰提出问题：他的从兄（即堂兄）虞益的儿子遭遇母亲去世。在丧礼中，搭起帐篷作为临时居所，而其他兄弟则居住在庐（即丧庐，一种简陋的居所）中。他不确定在这种情况下应该依据哪种丧礼规定。他还说，如果这位侄子之前已经服过周丧（一种较重的丧礼，通常为期一年），则现在应该服缌麻（最轻的丧服，为期三个月）。但如果他直接先服齐缞（一种较重的丧服），那么情感上会显得过于重视而没有变化；如果他放下齐缞而改服缌麻，又会显得是以轻丧取代重丧的位置，不甚妥当。他最后问道，这位侄子在这种情况下是否可以被称为“哀子”呢？

贺隰回答说：现在人们所遵循的都是士人的礼仪。对于大夫和庶子（非正妻所生的儿子），如果父亲在世，由于父亲的地位尊贵，母亲的丧礼会被降低规格。但对于士人来说，因为地位较低，他们的庶子为母亲服丧时就不会降低规格。如果是士人的庶子，且父亲在堂（即在世），那么这个庶子只能持杖，以表示哀悼，是不能居住在丧庐中并自称“哀子”的。

这段对话体现了古代丧礼中对丧服和丧仪的严格规定，以及不同社会地位和家庭关系对丧礼形式的影响。贺隰能够对丧服和丧仪的规定给予明确而详细的回答，足以说明他继承了其父贺循的礼学主张，是一位礼学传人。

贺隰有三子，分别是长子贺道期、次子贺道养、三子贺道力。他们都继承了贺氏家族关于礼学的学说，是当时有名的儒家学者。其中，贺道期在南朝宋文帝刘义隆在位时官至博士。贺道养工于卜筮，著有《贺道养集》十卷、《浑天记》（天文历测方面的著作）、《贺道养天记》等作品。贺道力善三礼，有盛名，在南朝宋时担任尚书三公郎，官至吴兴令、建康令、太学博士，又善草书，其书写的尺牍尤其精美。

贺道力有子贺损（一作“埙”），贺损有子贺玚。

贺玚是贺循的玄孙，南朝梁天监初担任太常丞，兼五经博士，累官至尚书左丞。

贺玚有二子贺革与贺琛（一说为贺玚之侄、养子）。其中，贺革通三礼，对《孝经》《论语》《毛诗》《左传》也颇有研究，兼太学博士、国子博士等职。贺琛在南朝梁武帝时官至御史中丞，侯景之乱时，避难乡里。

贺琛有子贺翊。贺翊有子贺文发。贺文发有子贺淹、贺朗。贺朗有子贺德仁。

贺德仁被称为“南朝词宗”，隋时入仕，唐初担任

贺知章像

祭酒。贺德仁有兄弟八人，在当时影响很大，时人比作东汉的荀氏家族。他们成就了贺氏家族又一个辉煌的时期。这一时期，庆氏礼学仍然盛行，贺氏有不少族人在朝为官。贺德仁的堂兄贺德基世传礼学，与其父贺淹都曾在南朝梁做官，担任祠部郎。贺德基后来官至尚书。

贺德仁有侄孙贺默。贺默之子就是大名鼎鼎的贺知章。

贺知章（659—约744），字季真，晚年自号四明狂客、秘书外监。越州永兴（今浙江杭州萧山区西）人，唐代著名的诗人、书法家。贺知章与张若虚、张旭、包融并称“吴中四士”；与李白、李适之等并称“饮中八仙”。他善草隶，草书用笔酣畅淋漓，当世称重，与张旭、怀素称“唐草三杰”；其诗文以绝句见长，写景抒怀，风格独特，潇洒清新，其中《咏柳》《回乡偶书》等诗脍炙人口，传诵至今。

到了北宋，有词人贺铸自称会稽贺氏之后。贺铸（1052—1125），字方回，自号庆湖遗老。祖籍山阴，生于卫州（治今河南卫辉），是宋太祖贺皇后的族孙。他自称远祖本居山阴，为贺知章家族的后裔，以贺知章晚年居住在庆湖（即镜湖、鉴湖），故自号庆湖遗老。贺铸的作品收录在《东山词》《庆湖遗老集》中。

贺铸像

从晋朝到唐宋，以贺循、贺知章等为代表的会稽贺氏家族又传承了700余年，涌现出不少人才，正是诗礼传家的典范。

树德垂范世所珍

贺循是晋朝著名的政治家、文学家、儒学家，德才兼备，为当世所推崇。《晋书·贺循传》称贺循自小“操尚高厉，童龀不群，言行进止，必以礼让”，得到当时地方长官的赏识。贺循在阳羡、武康任职之时，陆机很欣赏他，在向西晋朝廷推荐贺循时，曾称赞他“德量邃茂，才鉴清远，服膺道素，风操凝峻”。贺循追随司马睿之后，司马睿评价贺循称“言行以礼，乃时之望，俗之表也”。这些评价表明贺循具有崇尚礼仪、德高望重、宽宏仁义、才识过人的高尚品质和卓越功绩。

综观贺循的一生，他在以下方面，足以树德垂范，为后世景仰。

一是忠诚为国的楷模。贺循在政治上坚持以国家利益为重，忠诚于晋室，不党不私。他的这种精神被后世视为忠臣的典范，影响了历代士人的价值观念。

二是清正廉洁的榜样。贺循为官清廉，生活俭朴，这种廉洁自律的品格成为后世官员学习的榜样，对提高官员的道德水平起到了积极的引导作用。

三是学术风气的引领。贺循学识渊博，对经学特别是庆氏礼学有深厚的研究，他的礼学成就和严谨的态度，对其家族后代产生了很大的影响，其后世子孙中出了许多儒家学者。他的著作和观点在历史上流传较广，推动了后世对经学的研究和发展。

四是人格魅力的传承。贺循的高尚人格和道德魅力，被后世视为理想的人格典范，许多文人墨客以其为榜样，追求个人道德修养。

五是政治理念的影响。贺循的政治理念强调宽政惠民，反对严刑峻法，他的这些主张对后世的政治实践产生了积极影响，为历代统治者提供了治国理政的参考。

贺循的道德和功绩的影响是多方面的，不仅体现在政治和学术领域，也渗透到了社会生活的各个方面，成为中华民族传统美德的重要组成部分。在传统社会，贺循就一直被当作儒家的学者和绍兴的乡贤而受到世人的尊崇。据清朝西吴悔堂老人撰《越中杂识》上卷《祠祀》记载，乡贤祠，在（绍兴）府学，有司春秋祭。祠祀四百五十三人。贺循即名列其中。在当今社会，贺循的道德理念仍具有现实意义，对于倡导社会主义核心价值观、建设新时代中国特色社会主义具有积极的借鉴意义。

小贴士：绍兴府学

绍兴府学（亦名府儒学），始建于北宋嘉祐年间，明正统、成化年间各作大修，并建乡贤祠于其中，万历年间增设名宦祠。清康熙年间扩建，占地90亩，号称“浙东诸庠第一”。清末罢科举，府学遂荒废。民国二十一年（1932），邵力子等官绅发起并于府儒学旧址创办私立绍兴中学，后改名为稽山中学。今存戟门、泮池、泮桥、大成门、大成殿基址及府学碑林，收录历代修治府学的碑刻等石刻。2002年公布为绍兴市文物保护单位。

绍兴府儒学

青史留名在浙东

贺循在浙东的重要历史贡献主要是他开凿了西兴运河（即浙东运河之西段）。西兴运河西起杭州市滨江区西兴过塘行码头，流经杭州市萧山区，绍兴市柯桥区、越城区，东至绍兴古城的迎恩门，实测长度约46千米。从西晋末年一直到21世纪初，这条运河持续发挥灌溉、航运功能达1700年，是历史上浙东地区一条十分重要的水道。

绍兴迎恩门、迎恩桥（迎恩桥为全国重点文物保护单位）

贺循开凿西兴运河是一件意义重大的事情，其影响十分深远。

首先，贺循开凿西兴运河维护了当地社会的稳定发展。他开凿西兴运河的时间在其从朝廷辞官回乡居住期间，即永康二年（301）至永嘉元年（307）的8年之间。这个时期，是西晋王朝灭亡的前夕，当时中原地区被“八王之乱”搅得天翻地覆，民不聊生。而贺循在家乡会稽郡发动民众，组织他们兴修水利开凿运河，其实是发展生产、保障民生的善举，这和他以“礼”治世的主张是相一致的。西兴运河的开凿也的确帮助会稽郡的百

浙东运河西兴段

姓在乱世中守护了自己的家园。

其次，贺循开凿西兴运河优化了绍兴平原水系的功能。西兴运河的走向基本是东西方向，而绍兴平原自然的河道走向总体是自南向北流入江海的。西兴运河与自然水系纵横交汇，形成了复杂的水网，使其成为当地继鉴湖之后的又一个改善水环境的重要水利工程。西兴运河的开凿加之配套水利、航运设施的建设，客观上起到了调节平原水位，改善交通条件的重要功能。

最后，贺循开凿西兴运河丰富了后人治理水患的经验。古人治水向来是堵疏结合。西兴运河既沟通了自然

融光桥（位于绍兴柯桥，全国重点文物保护单位）

河道，又在与自然河道交汇之处设置堰、闸，用以阻水和疏水，而非简单地沟通自然河道，体现了高明的治水理念，至今仍有重要的借鉴意义。

因为杭甬运河的开通，在21世纪初，西兴运河航运地位有所下降，但是其灌溉、交通功能仍然存在，它悠久的历史和深厚的底蕴依然值得后人珍视。2013年3月，西兴运河作为大运河（绍兴段）的重要组成部分被列入第七批全国重点文物保护单位名录。2014年6月，随着中国大运河的成功“申遗”，西兴运河成为世界遗产中国大运河（绍兴段）的重要组成部分。

“后之视今，亦犹今之视昔”，我们今天记住贺循的贡献，并且继承他的遗泽，相信我们的后人也一定会把贺循的英名和他开凿西兴运河的故事在浙东这片土地上流传下去。

参考文献

1.〔汉〕郑玄注、〔唐〕孔颖达疏：《礼记注疏》，载《影印文渊阁四库全书》，上海古籍出版社 2012 年版。

2.〔清〕允禄、张照等撰：《御制律吕正义后编》，载《影印文渊阁四库全书》，上海古籍出版社 2012 年版。

3.〔南朝宋〕范晔撰：《后汉书》，中华书局 1965 年版。

4.〔晋〕陈寿撰：《三国志》，中华书局 1971 年版。

5.〔唐〕房玄龄等撰：《晋书》，中华书局 1974 年版。

6.〔南朝梁〕沈约撰：《宋书》，中华书局 1974 年版。

7.〔唐〕李延寿撰：《南史》，中华书局 1975 年版。

8.〔唐〕魏征等撰：《隋书》，中华书局 1973 年版。

9.〔后晋〕刘昫撰：《旧唐书》，中华书局 1975 年版。

10.〔宋〕欧阳修、宋祁撰：《新唐书》，中华书局 1975 年版。

11.〔元〕脱脱等撰：《宋史》，中华书局 1977 年版。

12.〔宋〕司马光编著：《资治通鉴》，中华书局 2011 年版。

13.〔宋〕郑樵编：《通志》，中华书局 1987 年版。

14.〔唐〕杜佑撰：《通典》，中华书局 1984 年版。

15.〔东汉〕袁康、吴平辑录：《越绝书》，贵州人民出版社 1996 年版。

16.〔宋〕沈作宾修、施宿纂：《嘉泰会稽志》，载《宋元方志丛刊》，中华书局 1990 年版。

17.〔宋〕张淏纂修：《宝庆会稽续志》，载《宋元方志丛刊》，中华书局 1990 年版。

18.〔宋〕马光祖修、周应合纂：《景定建康志》，载《宋元方志丛刊》，中华书局 1990 年版。

19.〔南朝宋〕刘义庆撰：《世说新语》，上海古籍出版社 2013 年版。

20.〔宋〕李昉撰：《太平御览》，中华书局 1960 年版。

21.〔宋〕王钦若等撰：《册府元龟》，中华书局 2003 年版。

22.〔宋〕费枢撰：《廉吏传》，载《影印文渊阁四库全书》，上海古籍出版社 2012 年版。

23.〔明〕陈耀文撰：《天中记》，载《影印文渊阁四库全书》，上海古籍出版社 2012 年版。

24.〔明〕彭大翼撰：《山堂四考》，载《影印文渊阁四库全书》，上海古籍出版社 2012 年版。

25.〔宋〕祝穆撰：《古今事文类聚·续集》，载《影印文渊阁四库全书》，上海古籍出版社 2012 年版。

26.〔清〕嵇曾筠编纂：《雍正浙江通志》，载《影印文渊阁四库全书》，上海古籍出版社 2012 年版。

27.〔清〕官修：《嘉庆重修一统志》，中华书局 1986 年版。

28.〔清〕徐元梅修、朱文翰等撰：《嘉庆山阴县志》，绍兴县地方志编纂委员会 1992 年重印本。

29.〔清〕悔堂老人录：《越中杂识》，浙江人民出版社 1983 年版。

30. 鲁迅编纂：《会稽郡故书杂集》，收入《鲁迅全集》第八卷，人民文学出版社 1973 年版。

31. 任桂全等编纂:《绍兴市志》, 浙江人民出版社 1996 年版。

32. 绍兴市文物管理局编：《绍兴文物志》，中华书局 2006 年版。

33. 盛鸿郎主编：《鉴湖与绍兴水利》，中国书店 1991 年版。

34. 颜越虎、范今朝主编：《陈桥驿学术论文选编》，中国文史出版社 2020 年版。

35. 国家文物局编：《中国大运河申遗文本》，2013 年。

本书部分图片由杭州市文物部门郎旭峰、萧山区文物部门陈伟等同志协助提供，谨致谢忱！